Cambie

CARLOS MARIO VÉLEZ

Cambie

De la dependencia a la autonomía

Autonomía Vital

Título original: *Cambie. De la dependencia a la autonomía*
Copyright © 2016. Carlos Mario Vélez
Reservados todos los derechos

ISBN 13: 978-1546415411
ISBN 10: 1546415416

®Autonomía Vital
Medellín, Colombia

Coordinación editorial: Autonomía Vital

www.carlosmariovelez.com

https://www.doctoralia.co/carlos-mario-velez/psicologo/medellin

Library of Congress Control Number: 2017907864

CreateSpace Independent Publishing Plattform, North Charleston, SC, EE.UU.

Para aquellos consultantes que han enfrentado la verdad de sus vidas.

Para todos los que se abrieron a sus realidades personales.

Para los que sufrieron las vergüenzas de volver a las mismas, los que continuaron después de cada derrota, después de cada intento fallido.

Para los que nunca renunciaron a creerse la causa de sus problemas y la fuente de sus soluciones.

AGRADECIMIENTOS

Agradezco a Herinulfo Londoño su inmensa y amorosa ayuda cuando empecé a buscar los caminos hacia el bienestar emocional y mental que yo anhelaba.

A su lado aprendí el mantra:

Voy a estar bien pase lo que pase

Heri, te agradezco en mi corazón y te llevo en mi alma.

Ahora es el momento de examinar un poco más nuestro pasado, de echar un vistazo a algunas de esas creencias que han venido rigiéndonos.

A algunas personas esta parte del proceso de limpieza se les hace muy dolorosa, pero no tiene por qué serlo. Debemos mirar que es lo que hay que limpiar antes de poder hacerlo.

Si uno quiere limpiar una habitación a fondo, empezará por revisar todo lo que hay en ella. Habrá algunas cosas que mirará con ternura, y las lustrará o les quitará el polvo para darles una belleza nueva. Con otras, tomará nota de que necesitan una reparación o un retoque. Habrá algunas que jamás volverán a servirle, y es el momento de deshacerse de ellas. Las revistas y los periódicos viejos, como los platos de papel usados, se pueden tirar con toda calma a la basura. No hay necesidad de enojarse para limpiar una habitación.

Lo mismo sucede cuando estamos limpiando nuestra casa mental. No hay necesidad de enojarse porque alguna de las creencias que guardábamos en ella ya no sirva. Dejémosla partir tan fácilmente como, despues de haber cenado, arrojamos a la basura los restos de comida. Realmente ¿buscaría usted en la basura de ayer algo para preparar la cena de esta noche? Y para crear las experiencias de mañana ¿rebusca en la vieja basura mental?

Si una idea o una creencia no le sirve, ¡renuncie a ella!

Ninguna ley dice que porque una vez haya creído en algo, tiene usted que seguir haciéndolo para siempre.

Louis H. Hay
Usted puede sanar su vida.

TABLA DE CONTENIDOS

Prefacio   13

Introducción: De la terapia a la capacitación   17

Renace con el don de vivir   21

1   Cambiar es muy difícil   23

2   ¡Como pasan de bueno!   25

3   Lo que yo fui   27

4   Yo voy a cambiar mis defectos y mis fallas   31

Preguntas vitales   37

5   Yo soy así   39

6   ¿Por qué lo volví a hacer?   43

7   Me contradigo   51

8   En la lucha   57

9   Yo me quiero realizar   61

10   Nos formamos conectándonos   63

11   Poco hablo de la mentalidad de sobreviviente   65

12   Y la mentalidad para vivir es…   67

13   Tengo conflictos entre sobrevivir y vivir   69

14   ¿Y entonces?   71

15   Nunca he pensado que yo puedo renacer   73

16   ¿Por dónde empiezo?   81

17   ¿Para dónde voy?   83

18   Lo que Dios quiera   87

     Acciones para incrementar tu vitalidad   91

     Epílogo: Cambiar es descubrirse y darse   95

     Bibliografía recomendada   97

     Acerca del autor   99

     La Autonomía Vital   101

PREFACIO

En menor o mayor medida, cada persona nace con interés en su bienestar y su felicidad y al mismo tiempo tiene alguna atracción inconsciente por el sufrimiento, el dolor, el horror y las penas involuntarias. Cada ser humano libra batallas interiores entre su pasión por estar bien y el sufrimiento de algún malestar.

Cada individuo se divide entre sus intenciones conscientes y su necesidad de explorar dentro de sí las fuerzas inconscientes con que se siente atraído hacia lo que menos quisiera enfrentar, o padecer. El ser humano tiene la necesidad y el desafío de estudiarse internamente; de explorarse y descubrir sus creencias personales y subjetivas, para encontrar las claves del cambio que necesita en su mente; para ir de los conflictos internos a la experiencia de su armonía y coherencia.

Ese estudio –y la correspondiente renovación mental– se llama "trabajo personal".

El trabajo personal es el esfuerzo de la consciencia por acoger dentro de sí todos los contenidos inconscientes. Es el estudio de las fuerzas interiores que pugnan por orientar a cada persona en una dirección opuesta a la de sus mejores intenciones. El trabajo personal es el esfuerzo

que alguien puede realizar para mirar lo peor de sí e ir descubriendo lo mejor de sí mismo. Es la apertura hacia las propias oscuridades, para encontrar dentro de ellas los asomos de la luz de su consciencia. Con el trabajo personal cada quien ve las fuerzas que lo empujan a su destino y encuentra aquellas que lo orientan hacia su propia libertad.

El trabajo personal es la experiencia en que estudiamos nuestras creencias internas, nuestros pensamientos conscientes e inconscientes. En el proceso de darnos cuenta de cómo somos por dentro –de cómo creemos que somos– vamos disolviendo nuestros patrones limitantes y abriéndonos a las opciones con que liberamos las partes mas sublimes de nosotros mismos. Es así como purificamos nuestra energía.

El trabajo personal es realizado por millones de personas que en nuestra época están consultando en busca de diferentes tipos de ayuda psicológica; en su esfuerzo por mejorar el mundo, cambiando primero por dentro. Es la actividad realizada por los seres humanos que creen que antes de cambiar la sociedad por fuera, necesitan cambiar ellos en su interior. Son quienes reconocen que son el cambio, el primer cambio que necesita el mundo para ser un lugar mejor, donde quienes hemos nacido podamos convivir.

Este libro ha sido escrito para darle espacio a los dilemas, conflictos, confusiones y contradicciones que encuentran dentro de sí las personas en proceso de liberarse en su mundo subjetivo, y que desde las profundidades de su corazón buscan abrirse al ser único y superior que son en su esencia.

Con esta lectura quiero que quienes se sienten llamados a trabajarse personalmente estén acompañados en su camino desde lo interno hacia lo externo, desde lo sufrido a lo elegido, desde lo que fue trágicamente doloroso a lo que es gloriosamente gozoso. Este libro es un apoyo para quienes de verdad se sienten comprometidos a cambiarse a sí mismos; para que encuentren ideas que les facilite el avance hacia su renacer, hacia su apertura a una mentalidad creativa superior, con perspectivas ampliadas de vitalidad y convivencia amorosa.

Espero que aquí se sientan como en casa quienes quieren superar sus relaciones de dependencia (marcadas por la intensidad y la necesidad), para empezar a relacionarse con autonomía, con nuevas dosis de liviandad y relajación. Para explorar el campo de la vitalidad, la autorrealización y la intimidad compartida con quienes están cerca en el transcurrir de su vida.

En teoría, el trabajo personal está disponible para todos; y solo son minoría los que se comprometen con profundidad en la exploración y descubrimiento de las propias verdades, de la realidad que habita de forma personal en el mundo interior.

Hay una verdad interior, potente y sin afanes, esperando en cada persona. Hay una verdad interior que habita paciente, a la espera de su propietario. Unos pasan la vida huyendo de ella y solo la enfrentan a la hora de partir de este mundo. Dedican sus últimos minutos a reconocer lo que es su vida; con todo su esplendor, su armonía, su luz, y su sentido de completamiento y perfección. Con el trabajo personal, ampliando la consciencia interior, es posible abrirse a la propia verdad; con el tiempo suficiente para vivir y disfrutar, compartiendo la libertad que su reconocimiento brinda.

El trabajo personal nos permite considerar la atención psicológica menos como un tratamiento clínico y más como una capacitación. Con tu trabajo personal estás aprendiendo acerca de ti mismo, estás conociendo las fuerzas inconscientes y los automatismos que te ponen a actuar de manera desfavorable.

Con un trabajo personal de calidad vas enriqueciendo tu experiencia; vas liberando el ser inspirador, la fuente de luz y bienestar que eres en esencia.

Aspiro a brindar (a quienes están involucrados en la noble tarea de trabajarse a sí mismos) conceptos que iluminen y acompañen. Este libro es solidario con quienes estén involucrados en el arte de renacer a una nueva disposición mental. Muchos lograrán cambiar su conducta tanto como quieran. Otros podrán cambiar su actitud interior, aunque su conducta indeseable perdure con el paso de los años.

A veces el trabajo personal sirve para cambiarte por dentro, aunque sea poco lo que muestres. A muchos también les sirve para cambiar por fuera, encontrando nuevas maneras de actuar y de estar en el mundo. A cada quien le corresponde aclarar el alcance de los beneficios que puede conseguir estudiándose por dentro, conociéndose, descubriéndose y liberándose para encontrar su mejor manera de estar en este mundo.

Aclarar quién eres realmente y cómo es tu bienestar, te permite comprender tu unicidad y el sentido de tu autenticidad; tener el valor para atravesar esa aparente soledad y descubrirte inserto en la compañía que es el Universo.

Todo esto es cambiar.

Carlos Mario Vélez

INTRODUCCIÓN
DE LA TERAPIA A LA CAPACITACIÓN

En mi profesión facilito el aprendizaje, la capacitación y el desarrollo personal. Como psicólogo clínico, nunca me he asumido tratando a locos, enfermos o dementes. Siempre he facilitado procesos de aprendizaje, en lugar de hacer terapia. Me gusta que las personas asistan a mis consultas a aprender algo de sí mismas, a descubrir sus posibilidades y a manifestar su autonomía.

Desde mi época de estudiante descarté la atención concebida como tratamiento y opté por la capacitación. Atendiendo la consulta psicológica busco la prevención y la educación de adultos, y que cada consultante haga su trabajo personal.

Un paso esencial al trabajarse como persona es tener la experiencia de una *conversación consciente:* un diálogo en el que alguien que sufre por su inconsciencia y por el desconocimiento de sus motivos más profundos (esto le pasa a cada consultante), se comunica con alguien (el facilitador que le atiende) que ya ha explorado y puede darse clara cuenta de los patrones mentales que están mortificando a su interlocutor.

Aquí se da la experiencia sagrada de alguien abriendo su corazón. Y en el transcurrir de este diálogo también se da el *insight*, el descubrimiento interno, el caer en la cuenta, que brindan nuevas opciones de cambio a quien sufría en su oscuridad personal con su estado de autómata.

La conversación consciente requiere que uno de los interlocutores esté consciente, dándose cuenta del comportamiento que el otro repite una y otra vez sin quererlo ni elegirlo. En este contexto, hacen falta en nuestro mundo esos facilitadores de conversaciones conscientes: seres ricos en opciones, con un darse cuenta notable; altamente lúcidos para identificar las oscuridades e inconsciencias automáticas con que las personas se causan malestar.

El facilitador de una conversación consciente es alguien que da muestras evidentes de las siguientes características:

Confía en su ser único y su autenticidad irrepetible.

Ha estado dentro de sí, practicando la introspección extensa y profunda. Ha recorrido sus territorios interiores, los espacios donde solo él puede estar. El lugar más importante que ha visitado en el mundo es su yo interior auténtico.

Se autoaprueba, en lugar de depender de la aprobación de otros. Siempre reconoce la prioridad de los símbolos del psiquismo humano frente a los de la sociedad de consumo.

Lo mejor de sí mismo lo ha encontrado después de admitir lo peor de sí. Su oscuridad personal, los impulsos bajos, la reactividad mezquina e irracional… todo esto lo acepta con humildad, como una parte de su identidad.

Creando con su luz, emerge de la propia oscuridad. Alcanza su gloria personal abriéndose a sus desdichas. El bienestar que hoy tiene proviene del reconocimiento de su malestar, ya disuelto en el pasado.

Reconoce en cada persona el derecho a enfrentar sus desafíos y a disolver su propio negativismo. Cada individuo tiene derecho a su propio sufrimiento y a su batalla por superarlo. Jamás hace de la felicidad y el disfrute una obligación. Respeta el dolor ajeno.

Para acompañar a otros en sus exploraciones personales –así lo siente quien con él habla– obtiene la autoridad de su propia sanación; de haberse abierto, comprendido y aceptado a sí mismo.

Su crítico interior siempre supera las críticas de otros. Es conocedor de las durezas que ha tenido consigo mismo y esto le permite entender a quienes lo consultan. El perdón que se ha dado a sí mismo le ayuda a perdonar a los demás y a invitarlos a que se perdonen también.

Transforma su mentalidad automática, robótica, zombi e inconsciente, en mentalidad autónoma, humana, despierta y consciente. Con esta experiencia facilita a otros el camino hacia su propia autonomía.

Este libro es un escalón, un paso adelante en el camino hacia ti mismo. *Como mis otros libros publicados y próximos a publicarse, está escrito en forma de conversatorio. Hablo y respondo a las manifestaciones del alma colectiva, que va manifestando las experiencias de la humanidad en el proceso de reconocerse, encontrarse, asumirse y aceptarse a sí misma.*

Recomiendo a cada lector el uso de una libreta de apuntes, para tomar notas, especialmente de sí mismo, de sus luces interiores, sus descubrimientos, sus tomas de consciencia o las memorias que le brindan claves como ser autónomo protagonista de su vida.

Estás ante un puente entre el campo del desarrollo personal y las personas comunes y corrientes, que en su interior se sienten llamadas a ser ellas mismas, expresando algo valioso; aporte sin igual, relacionado con su propia identidad.

Aquí encontrarás ideas útiles para conocer y manejar el mundo interior; para saber gestionar la confrontación consigo mismo; para ir desde la incoherencia hacia un sentido superior de coherencia e integridad. Encontrarás el proceso de transformación de la supervivencia a la vitalidad.

RENACE CON EL DON DE VIVIR

Sobrevivir es diferente a vivir.

Sobrevivir es satisfacer necesidades, ausentarnos y acabar con el que sea, con tal de nosotros evitar morir.

Es un reto para todos pasar de sobrevivir a vivir.

Sólo cuando somos sensibles a las riquezas que brotan en quien por dentro somos, es cuando empezamos a vivir.

Vivir es satisfacer propósitos y disponer de oportunidades con libertad; en segundo lugar vivir es asumir, aceptar y compartir la propia presencia incluyendo los potenciales que expresa; y, en tercer lugar, vivir es reconocer y respetar la energía vital de los otros seres vivos.

Vivimos cuando amamos a los seres vivos, con conductas que validan y celebran su vida y la nuestra también.

Los seres humanos estamos facilitando el reconocimiento amoroso entre todos los seres que participamos de la conexión a la vida.

Los seres animales, los humanos y los seres espirituales estamos caminando hacia nuestra autonomía vital.

1. CAMBIAR ES MUY DIFÍCIL

Siempre hay una dualidad para ti:
repetir o innovar con lo que tú haces.

A veces me he preguntado sobre la dificultad para cambiar mi comportamiento, sobre la manera de cómo puedo evolucionar, sobre lo que necesito para ir, desde ese que yo acepto a regañadientes, al que me sueño con llegar a ser. Ignoro si a todos los demás les pasa como a mí: mi historia fue una evolución desde alguien que me desagradó ser, para irme convirtiendo en el que yo decidí, y luego estarme transformando cada vez más en el que simplemente soy, me guste o me desagrade, abierto a lo que la presencia del espíritu hace de mí y tiene para mí.

Ahora quiero llamar tu atención sobre estos temas, con timidez para admitir que parte de renacer es dejar ir a lo que fue alguna vez una ilusión, para simplemente abrirte a las realidades tal como son, recibiendo la vida tal como se te presenta y aceptándote en ella, con todo lo que tú presentas, con todo lo que ofreces, digan lo que digan y sientas lo que sientas.

Te escribo con sinceridad, así me cueste pasar por el miedo, crédulo en la promesa que a mí mismo me hago, consistente en que entre más enfrentado a la verdad, por muy desgraciado que parezca, siempre estaré mejor con la libertad.

Tal vez en un principio sea muy fuerte en ti la repelencia hacia algunas cosas que digo y luego, como haciendo una digestión, como elaborando y procesando, podrías llegar a considerar las similitudes que tienes en ti, con lo que aquí describo. Es posible que vaya a ocurrir así y también te reconozco con el derecho a verte diferente e incluso a considerarte a ti mismo mucho mejor, comparado con nosotros, con los ejemplos que en este escrito menciono.

2. ¡CÓMO PASAN DE BUENO!

A veces quieres pasar tan bueno como lo hacen otros miembros de tu comunidad. ¡Se ven tan felices! ¡Sus vidas son tan perfectas! Parece que lo tuvieran todo, que sólo están para reír y para empezar a hacer nuevos proyectos detrás de los que acaban de terminar. Las oportunidades les sonríen. Comen a su gusto y con abundancia; visten con los colores que mejor les queda y siguiendo las tendencias de la moda participan de los eventos sociales más encantadores, estando presentes donde hay noticias que representan logro, admiración, clase y oportunidad para algo provechoso. Y aun si fueran unos solitarios independientes, lo que sí se les nota es pasión por lo que hacen. Esa gente transcurre en un permanente entusiasmo, contentos y convencidos de que vivir es disfrutar, sonreír y pasar de momento en momento de felicidad. Satisfacción y gran capacidad para tenerlo todo define su vida diaria.

Idealizamos las vidas ajenas, sobre todo cuando a los personajes idealizados los conocemos más desde las apariencias que desde su esencia. Aunque reconozco válido el deseo de felicidad que tiene cada quien, también sé que he tenido el privilegio de conocer íntimamente a personas que me han visitado en mi consultorio, durante treinta años, buscando claridad y paz para ellos o para los seres que aman. Por muy deslumbrante que sea cualquiera ante los demás, en su interior pasa por sus propios retos, tiene sus propios afanes y sufre algo que busca superar.

Esta es mi conclusión después de atender a cientos de personas que vienen a mí, abriéndome su corazón y su alma: De una manera íntima y personal, cada quien busca su sanación. Intenta soltarse de alguna conducta de superviviente para aprender cómo tener una paz que le hace falta y que por muy feliz que se muestre ante otros, siente que necesita encontrarla. Cada quien tiene sus desafíos, sufre sus contradicciones, padece sus conflictos y busca trascender insatisfacciones, alcanzar posibilidades, aprovechar oportunidades y evolucionar en la dirección en que le es posible, partiendo desde donde está.

Pretender ser tan feliz como lo son otras personas, es como pretender meternos en el pellejo de alguien, olvidándonos e ignorando quiénes somos y enceguecié ndonos ante lo que hay para nosotros, ante lo que la vida tiene dispuesto que sea nuestro. Comparándonos con los otros o permitiendo que los otros nos comparen, ignoramos, tal vez, que hay un paso que sólo nosotros podemos dar y que nos puede llevar a nuestro propio y nuevo nivel de energía para sentirnos bien. Compararte con los demás es muy desventajoso para ti, pues al hacerlo dejas de compararte con quien si podrías identificar lo que sólo a ti te corresponde vivir. Sólo en comparación contigo mismo, sólo al ubicar en dónde estás ahora, sabrás si mañana te has movido algo, así sea muy poco. Solo tú eres para ti mismo un punto claro de referencia con el cual evalúas si estás avanzando o te estás retrocediendo.

3. LO QUE YO FUI

Algunos seres humanos se estancan con lo que fueron en el pasado. Ignoro si son mayoría o son minoría los que han recordado con nostalgia todo lo que fueron, sintiendo idos sus mejores momentos, bien sea por su fortaleza y su apariencia física, bien sea por los cargos y el poder que tuvieron, o bien por el dinero y todo lo que demostraron que podían conseguir.

Caídos bajo el peso de la creencia en que su pasado fue mejor, estos nostálgicos miran hacia atrás y al contemplar su presente, se les hace imposible volver a estar tan sonrientes y complacidos como alguna vez estuvieron. A medida que hablaban eran escuchados como pocos podían; convincentes para lograr que los demás creyeran lo que ellos creían; además de persuasivos soportaban cómodamente la admiración sobre sí mismos. Todo lo que se les antojaba parecía alcanzable. La vida era más soñar que aceptar lo desagradable; más proponerse que ubicarse en lo que tenía que ser; más mirar a lo que querían que fuera, que mirar a la realidad tal como estaba. Y así fueron concibiéndose a sí mismos, como alguien que estaba ni más ni menos para obtener sólo lo que deseaba.

Y hoy, estos héroes del pasado cuentan con pocos conocidos, vecinos o amigos de ese entonces. Hoy, la mayoría de su entorno, ignora de dónde vienen, quiénes fueron y toda la gloria que alguna vez probaron, cuando su vida era sólo un conjunto de sueños vueltos realidad, en el suceder sin fin de sus logros y sus metas alcanzadas, sus antojos conseguidos y sus celebraciones compartidas. Y hoy pasan por su tristeza, al comprender que su vida es mucho más que compartir momentos de gloria, en los que todo lo que vivían era un reflejo de, ni más ni menos, lo que querían. Sienten tristeza al comprender que aunque su gloria pasada es eterna, la admiración de su prójimo ya se fue y que hoy tan solo pueden estar en el punto en que están, enfrentados como nunca a lo que son por sí mismos, en vez de impresionar a los demás.

Y aun así, cuando hoy quienes así sufren, creen que todo lo que tienen es menos de lo que fue, siguen ante la oportunidad de vivir, aunque todo esté cambiado, y mucho de lo que amaban haya partido, con limitaciones que les impiden renovar su presente tanto como quisieran.

Muchas veces, nunca llegamos a mirar de verdad nuestro presente, atrapados en el interminable recordarnos de lo que fuimos en otras etapas de nuestra historia, deslumbrados por lo que fue mucho tiempo atrás. Sin darnos cuenta pasamos por nuestros momentos de felicidad, ignorantes de lo transitorios que éramos, sin saber que algún día miraríamos hacia allí, hundidos en la nostalgia, conscientes ya de que ese momento era feliz, era completo, era perfecto y descubriendo que hoy lo daríamos todo por volver un instante a ser lo que alguna vez fue y ya nunca jamás volverá a ser. Así vamos pasando por los momentos que serían para vivir. Desconectados de cuando vivimos y después impotentes, nos descubrimos deseosos de volver a experimentar aquello por lo que ya pasamos, queriendo tener con nosotros a los que ya se fueron.

Y de todos modos existe un presente para nosotros. Aunque estemos más lejos de lo que ayer fue, en el hoy nos enfrentamos a situaciones y oportunidades que día a día están disponibles para nosotros esperando que abramos nuestra visión interior, que despertemos de corazón, en nuestra presencia inmediata. Sea cual sea nuestra realidad de hoy, si vivimos es porque en algún sentido con nuestra existencia algún bien hacemos posible y la vida nos ofrece una constelación de regalos. Estar aquí y ahora es un enigma, es un misterio que nos corresponde descifrar hasta comprender en qué sentido es grande, es valiosa nuestra presencia y nuestro papel en el entorno que nos está siendo dado.

El reto reciente es más exigente que desempeñarnos en el mundo como alguna vez lo hicimos. Es un reto interior en tanto estamos llamados a comprender y a asumir el valor de nuestra existencia, comprendiendo lo que fue como una parte de una vida que es más grande gracias a lo que hoy somos, estemos como estemos. Y hasta podríamos olvidar lo que fuimos, abriéndonos al ser viviente que aún somos, liberando el potencial que contenemos con nuestra presencia hoy, en un goce que nos viene cuando logramos apreciar la perfección de nuestra vida cuando la contemplamos tal como en su conjunto es.

4. YO VOY A CAMBIAR MIS DEFECTOS Y MIS FALLAS

Proponerte a cambiar tu conducta, esforzándote y empeñándote en lograrlo, son acciones a las cuales llegas después de un proceso en el que gradualmente aceptaste la conveniencia de tu cambio. Llegaste a admitir que debías cambiar tal vez porque comprendiste que con lo que hacías te perjudicabas, te saboteabas, con ello te hacías menos de lo que eras, te rebajabas de tu valor; actuando así dañabas tu vida, te avergonzabas, te dabas motivos para sentir culpa y pena si continuabas por el camino en que venías.

La gama de promesas de cambio es en nuestra época algo sin fin. Todavía somos seres con gran incapacidad para ser y vivir tal como quisiéramos, desde los principios mismos de nuestra historia. Prácticamente para la mayoría de las personas, crecer es convertirse en la personalidad que rechazaban para luego empezar a gastar el propio tiempo en sufrir por su modo de ser y en esforzarse en cambiar para poder estar bien. Las promesas las hacemos tanto a nuestros seres queridos como a nosotros mismos. La mayoría de las veces esas promesas se quedan sólo en promesas, tal como lo hacen las personas con los propósitos que se fijan en las fiestas del fin de año, para incumplirlos en el año nuevo.

Parejas infieles que piden perdón; fracasados económicos que buscan superarse; adictos a algo que aseguran que lo van a manejar; irresponsables en el trabajo que mañana sí van a cumplir; ansiosos compulsivos que quieren llegar a sentirse completos; abandonados asegurando que lo van a superar; reprimidos sexuales que fantasean con un sexo rico; violentos que nunca volverán a agredir; personas con pánicos que creen se van a poner bien; comedores compulsivos que se van a controlar; enfermos terminales diciendo que se van a sanar; compradores descontrolados esforzándose en parar; tímidos que anhelan poder hablar como siempre quisieron; descalificantes con su pareja que la van a valorar; críticos que van a aceptar lo que les toca; desempleados que ya van a encontrar su puesto; dañinos con su vida que se van a querer; escépticos compulsivos empeñados en creer en algo; depresivos reincidentes que se esfuerzan en estar contentos; aburridos que buscan animar a otros; víctimas de agresiones cuidándose de repetir su experiencia; prepotentes sobradores esforzándose en ser amistosos y sencillos; orgullosos evasivos que sí van a pedir ayuda; reiterados ausentes que mañana sí van a estar.

Y la lista continúa: ocupados incansables que si van a pasar el tiempo con los suyos; adictos a tener la razón que van a parar de discutir y objetar; perdedores repetitivos que van a ganar; arrogantes que sí van a tomar lo que los suyos les dan; despedidos de sus empresas asegurando que van a conservar su puesto; desengañados de su vida laboral buscando conformidad; resignados a lo que les toca pretendiendo tener ánimos para superarse; adictos al peligro y la adrenalina que ni piensan como problema su adicción a desafiar la muerte; pensadores aburridos ignorando cómo ser más entretenidos; protagonistas de escándalos pidiendo perdón; desganados incapaces para poner ganas y alegría en su vida diaria. Y también están en esta interminable lista los solitarios empedernidos que se obsesionan con encontrar a alguien y los empecinados ganadores esforzándose en encontrar alegría por estar vivos.

Puedes pasar meses, años, décadas, consagrados al esfuerzo por cambiar el comportamiento con que te perjudicas. A veces con resultados halagadores y merecedores de reconocimiento. Y más de una vez en la vida, hasta el que tiene propósitos más sencillos y fáciles para los ojos de los demás, llega a conocer el significado de las palabras impotencia, incapacidad y reincidencia, volviendo a actuar con la vergüenza de seguir igual.

Me desagrada el refrán: "Vaca ladrona siempre recuerda el portillo" y sé que muchas personas se ven en esta situación: volviendo a las mismas, en contra de lo que quisieron, en contra de lo que dijeron y de lo que intentaron. Reincidir es volver a las mismas, repetir lo de antes, estar en lo que nunca se quiso, sintiendo la dolorosa y desagradable incompetencia. Es tener que tragarte las palabras con las que te jactaste de que tu cambio era pan comido, era prueba superada.

En cuanto más te vanaglorias de que solucionaste lo que buscabas tener resuelto, tienes más riesgo de una nueva recaída. Y viene entonces esa reacción de autorrechazo, el silencio vergonzante y hasta el esfuerzo por tu ocultar aquello que tanto te jactaste de haber superado. Estás atrapado si estás reincidiendo. Significa que has pretendido cambiar lo que era incambiable en tus condiciones personales de hoy.

Podría ser que jamás evaluaste si realmente estabas preparado para actuar de una forma nueva y mucho menos evaluaste lo que requerías para poder cambiar tu estilo de vida. Estuviste ilusionado. Creíste que tu cambio de comportamiento dependía solo de tu voluntad, de tu deseo de ser "bueno" o hasta llegaste a suponer que lo único necesario para cambiar tu conducta era que alguien te dijera que podías, dándote el permiso de hacerlo, como cuando los niños dependen de un adulto que les da permiso para actuar como quieren.

Estás madurando cuando reconoces que tu cambio y la renovación de tu vida dependen de ti, sólo de ti. También vas comprendiendo que ningún cambio es confiable cuando se limita a la conducta, cuando es de forma, de apariencia, un asunto exterior que para nada ha tocado tu interior.

Tanta buena fe y tanta ingenuidad en los que pretenden cambiar guiados por un simple propósito de empezar a actuar de forma nueva. Ignorantes de las raíces gruesas y profundas de donde proviene su conducta, intentan desecharla suponiendo que es la rama de una maleza superficial y pasajera, y de pronto van encontrando que su situación es diferente y que en realidad estaban ante un tronco grueso y complicado de remover al primer intento.

Si vas aprendiendo un poco acerca de ti, de tu mentalidad, de tu personalidad, de tus motivaciones y de tu yo real, libre y poderoso, entonces vas comprendiendo que el cambio es una cumbre a conquistar en vez de un simple paso que creíste demasiado fácil. El verdadero cambio, ese que es integral, completo y real, es un cambio que empieza adentro de ti, conociendo tus creencias, las necesidades ocultas de esas conductas que rechazas, que para todo el mundo son dañinas y que, sin nadie comprender por qué, repites sin que haya nada que te detenga.

Un cambio verdadero, primero es una acción dentro de ti y a medida que profundizas en tus causas inconscientes, poco a poco te comprendes, te descubres más consciente de tus motivos, aunque sean muy juzgados, criticados y hasta castigados tanto por ti como por los demás.

Ninguna conducta humana ha sido actuada sin razón alguna. Esa experiencia de renovación interna consiste en cambiar las causas de las conductas que consideras dañinas por nuevas causas de conductas que consideras constructivas. Las conductas siempre tienen sus motivos, aunque el que las sufre, los ignore, reniegue de ellas, se culpe y se castigue por ellas.

Todas las conductas tienen sus propias causas. Dentro de ti lo que cambias son las causas de lo que haces. Las falsas necesidades que crees tener para poder sobrevivir, los autoengaños sobre lo que crees ser y tus lealtades, requisitos y condiciones que tienes que cumplir por pertenecer a tu familia. Repito, dentro de ti cambias tus falsas necesidades de supervivencia, tus autoengaños sobre lo que crees ser y tus lealtades irracionales con tu tradición familiar. Estas son las bases sólidas y reales para poder cambiar de conducta después de haber cambiado en tu mente y en tu corazón. Cambias tu conducta cuando de verdad has cambiado tú, lo que crees ser y cuando cambias tu percepción de la realidad que te asiste.

La ilusión del cambio personal es epidémica. Ignorantes de sus condiciones internas, las personas pretenden cambiar por el solo hecho de querer hacerlo. Presuponen que dependen de su voluntad, de sus propósitos y que por la nobleza de sus intenciones van a lograr su meta. Permanecen atrapados en un concepto idealizado de la propia libertad, en total desconexión de la realidad de sus motivaciones y las exigencias que implicaría lograr su renovación personal.

Las personas repiten una y otra vez un ciclo de intenciones de cambio, recaídas, culparse por su reincidencia y reinicio del nuevo ciclo con las mismas intenciones. Todo esto mientras se ignoran las raíces profundas de sus motivos para actuar y por este hecho continúan en una repetición carente de final.

Parte de mi trabajo durante los veintiocho años que he acompañado a personas en sus propósitos de renovarse, es acompañarles en los momentos en que lloraron ante su impotencia y ante su ignorancia de por qué actuaban lo que actuaban, aunque fuera lo que menos querían.

Lo importante de tu cambio, más que cómo te van juzgando, es en quién tú te vas convirtiendo. Aprender sobre tus motivos internos, comprender las causas profundas y personales de tu conducta, es un proceso de autodescubrimiento gradual. En esta transformación personal, creces en comprensión cuando se te revelan poco a poco los motivos de lo que haces y los motivos por los cuales persistes con lo que rechazas. Es una revelación en la que te descubres con el poder para cambiar de esquemas antiguos y obsoletos a los esquemas nuevos que revelan tu talento, tu realidad personal y tu auténtica voluntad.

PREGUNTAS VITALES

¿Quieres cambiar algo de tu realidad actual?

Y te pregunto: Cuando te das cuenta que tu conducta indeseable te acompaña durante mucho más tiempo del que querías, ¿cuál es tu reacción para contigo?

Es muy fácil quererte cuando actúas como querías. ¿Y qué mereces de ti cuando tu conducta está muy por debajo de lo que tú esperabas y muy por debajo de lo que tú prometiste a otros que ibas a hacer?

Yo sé que he sido testigo de muchas personas que quisieron cambiar su conducta mucho más de lo que ellos pudieron. Sea porque quieren copiar a los que hoy creen que pasan mejor que ellos; sea porque quieren volver a lo que fue su pasado o también porque reconocen que con su conducta se hacen daño, lo cierto es que más de uno que ha intentado cambiar, hoy sabe que le ha sido imposible conseguirlo.

5. YO SOY ASÍ

En este libro te estoy invitando a considerar que si tú aún respiras, siempre hay algo más para tu evolucionar y transformarte. Independientemente de qué tan severamente te juzgues siempre hay oportunidad para ti, de renacer a una nueva vida, a una nueva visión y a una nueva experiencia en la que esplendorosa se abre ante ti la perspectiva de una nueva vitalidad.

Muchos reincidentes reaccionan dándose por vencidos, claudicando y pensando que son así, que son incorregibles, que jamás tuvieron oportunidad y que nada más tenían por hacer. Como si hubieran sentido que estaban pretendiendo partir mármol con las uñas, deciden que su camino es la resignación a seguir siendo los mismos, inmodificables tal como lo es una estatua en un parque. Sin ser conscientes le rinden culto a la personalidad que han tenido, evadiendo la tarea de elegir su nueva conducta.

"Yo soy así" es algo que muchas veces he escuchado y estoy seguro de que a ti también te ha sucedido y hasta como yo, también alguna vez tú podrías haberlo dicho. Y otras expresiones similares han sido: "En mi familia somos así", "Toda la vida he sido así", "Mi personalidad es así" o

"Es que tengo una personalidad fuerte... o bien una personalidad débil". Los pesimistas que hablan así, en el fondo están en un sentimiento de derrota prefiriendo olvidar las metas que se fijaron cuando estaban más optimistas.

Decir "Soy perezoso" porque otra vez faltaste al trabajo o decir: "Soy la embarrada" porque volviste a ponerle cachos a tu amor es confundir lo que haces con lo que eres. Y ahí sí que te quitas el mínimo chance, la más pequeña oportunidad de actuar como quisieras.

Me es fácil encontrar ejemplos de cómo se autorrotulan los que evitan comprometerse con la construcción de su propia personalidad: "Soy mal genio" dicen los que se descomponen cuando les expresan amor; "Soy malo" los que se ponen agresivos cuando el otro actúa diferente de cómo esperan; "Soy culpable" el que actuó algo indebido; "Soy elevado" el que una y otra vez se distrae; "Soy pervertido" al que le juzgan negativamente su deseo sexual; "Soy grosero" el que se siente con derecho a replicar, y así sucesivamente. Estoy seguro de que a más de uno y más de una le has escuchado hablar del "Yo soy" colgándose un rótulo que lo baja de su lugar.

Cada vez que tú cedes a la tentación de volver a afirmar el "Es que yo soy...de esta o de aquella manera" estás auto estigmatizándote, colgándote un cartel con el cual los demás también te van a juzgar condenándote a seguir igual, carente de tu libertad para evolucionar, para transformarte, para renovarte y poder ser alguien nuevo, como quien se orienta hacia su propio renacer.

Con estas maneras de hablar condenándote, te quitas tu oportunidad para elegir. Hacer esto es ponerte un tatuaje que implícitamente dice: "Piensa mal de mí, mírame por debajo de lo que soy, júzgame y rotúlame negándome mi oportunidad para la elección, la evolución y la transformación".

Para ir encontrando tu camino hacia tu libertad, lo mejor es que vayas distinguiendo entre lo que eres y lo que haces. Abrirte a la diferencia entre ser y hacer, te da más claridad. Eres muchísimo más que lo que haces. Tu conducta es una parte de ti. Sólo una parte. Tu ser está por encima de tu hacer. Es tu ser el que te abre hacia la libertad, hacia ese poder en el que tú escoges, decides y decretas lo que al final quieres que sea y que se haga.

Sólo renovando tu conciencia de ser, encontrarás tu camino a tu hacer, al que buscas, al que quieres, al que necesitas y al hacer qué te conviene y con el que te sientes bien. Dentro de ti está tu yo auténtico y en tu exterior está tu ego público. A veces están en armonía y muchas veces en conflicto. Cuando haces algo que tu corazón reprueba estás en conflicto entre tu vida pública y tu vida personal, privada.

Estás en conflicto entre tus apariencias y tu esencia. Están combatiendo en ti, lo que haces y sientes, con lo que quieres y piensas. Una parte de ti va en dirección norte y otra parte va en dirección sur. Te divides entre satisfacer expectativas de otros como si fueras un robot y satisfacer tus propias expectativas siendo un ser humano que ya es libre.

La lucha entre el interior y el exterior, que muchas veces es la lucha entre lo que tienes que hacer y lo que quisieras hacer, es una lucha que te desgasta, te consume, te atrapa restándote energía, impidiéndote para llegar hasta convertirte en el que eres en armonía, con conciencia de libertad, coherencia y unidad.

Cuando entiendas que tu dificultad para cambiar refleja un conflicto entre quien por dentro eres y sientes y quien por fuera actúas y muestras, empezarás a tener una perspectiva más abierta y completa de tus motivos, de tus razones para hacer lo que haces, aunque mucho te esfuerces en contenerte con diálogos internos de cantaleta, reproche y autorregaño.

6. ¿POR QUÉ LO VOLVÍ A HACER?

Voy a expresarme suponiendo que a veces has incumplido a ti mismo y a tus seres queridos tus promesas de cambio y si es así entonces vas a sentirte aludido, con parte de lo que aquí vas a leer.

Ubicado frente al hecho de haber repetido la conducta que pretendías dejar, surge dentro de ti el cuestionamiento en la forma de un ¿por qué? Por ejemplo: ¿Por qué lo volví a hacer? ¿Por qué le traté otra vez de esa manera? ¿Por qué me frené para actuar de tal o cual manera, por ejemplo para dar un abrazo? Así como estas preguntas, cada vez que actúas de manera diferente a la que querías, acudes a buscar un porqué como si fuera buscar una pastilla con la cual te vas a anestesiar un dolor.

Supones que analizando y pensando podrías encontrar tu oportunidad para cambiar o al menos la tranquilidad de descubrir algo que te justifique, aliviando un poco la culpa, la recriminación y el remordimiento que estás sintiendo. Es una de tus maneras de demostrar que tú sí valorabas el cambio aunque de nuevo estés de reincidente.

Además con tus porqué, te justificas con tus conclusiones y con tus razones, actúas tu necesidad de hablar de ti y tu necesidad de ser atendido por las personas a las que les darás tus explicaciones de por qué volviste a hacer lo que hiciste.

La adicción al porqué o a tener la razón, es otra más de tus reacciones a la incapacidad para cambiar, tal como lo son el autorreproche, el regaño, la crítica, el castigo, el bajón de ánimos o la autoagresión. También a veces el escape es callar, ocultarse, evitar dar la cara, actuar al escondido y hasta hacerse el bravo. Yo lo sé.

La repetida búsqueda de justificaciones cansa, así como cansa el tener que escucharlas o podrías cansarte tú al leer aquí o me canso yo al escribir sobre esto. Un sinfín de justificaciones que conducen a cualquier lugar menos a honestidad, sinceridad y decisión profunda de asumir la responsabilidad de lo que haces.

De alguna manera sabemos cuándo estamos sacando el cuerpo a algo, en lugar de involucrar el alma o sentir que nos exponemos abriendo el corazón. Gastamos nuestro tiempo en apariencias, desperdiciando nuestra vida, mientras dejamos ir la oportunidad de compartirnos de verdad.

Toda esta maluquera surge ante ti si has evitado actuar de una manera que es nueva y que te conviene. Posiblemente es una etapa en tu búsqueda de una renovación que por ahora sigue inalcanzable, algo que quieres y de lo que aún te mantienes alejado.

A pesar de que existen los evasivos justificándose con sus racionalizaciones, hay explicaciones profundas y detalladas, para entender la conducta humana, para entender la renuencia al cambio y la incapacidad para hacer lo que quisiéramos hacer o para soltar lo que nos sobra y nos daña en la vida.

Lejos de mí está la intención de volverte un experto en psicología con este escrito. Es a mí a quien le corresponde ser experto en estos temas, tanto por necesidad personal como por obligación laboral a la hora de atender a quienes atiendo y a la hora de escribir sobre lo que escribo.

Se siente bien quien atendiéndome va entendiendo por qué hace lo que hace o se sabotea para lograr lo que intenta. Hay una necesidad profunda en los seres humanos de comprender su conducta. Muchos me escuchan cuando, estando ante mí, les describo cómo son las fuerzas que sufren con impotencia y con incomprensión por la ignorancia en que están.

Con mis explicaciones a veces empieza un nuevo amanecer para quien estaba en las peores tinieblas del alma. Brindo, a quienes atienden las explicaciones a que me refiero, comprensión acerca de sí mismos, de forma sencilla, esquemática y breve. A veces escucho y otras veces es quien me visita el que con interés me escucha y así, poco a poco quien me atiende se entiende.

Los seres humanos, muchas veces, sufrimos más por la falta de comprensión de nuestros motivos para actuar, que propiamente por lo que hicimos o dejamos de hacer. Tener una explicación trae luz a nuestra vida y lo que vamos comprendiendo es como si ya lo estuviéramos aprendiendo a manejar en lugar de sentir que eso nos maneja.

Por este motivo, en mi profesión, más que considerarme en un trabajo clínico para atender enfermos, me considero facilitando una capacitación para personas sanas dispuestas a aprender cómo estar mejor.

Estoy hablando de un entrenamiento en bienestar personal, útil para quien quiere aprender sobre sí mismo. Es para quien de verdad, de todo corazón, tiene dentro de sí una auténtica vocación para estar bien.

El hecho de que jamás hayas pensado en tus motivos internos, para nada implica que estén ausentes en ti. Siempre tienes tus motivos, hagas lo que hagas, siempre tienes tus motivos, siempre.

Tus motivos para repetir lo que querías evitar, lo que rechazabas, lo que considerabas dañino están dentro de ti. ¿Te suena escandaloso? Sí, al principio este concepto lo encuentran horrible muchas personas. De primer momento este concepto invita al autorreproche y por esto podría ser que te pareciera chocante, especialmente si, hasta hoy, has estado convencido de que la causa de tu conducta está por fuera de ti.

Por ponerte ejemplos: es que la droga envicia; es que mi mujer es muy mandona; es que el licor me cae mal; es que lo que me hace actuar así son los genes; es que me tocó un marido difícil; es que tuve mala suerte; es que Dios me mandó esta prueba; es que la situación económica mundial; es que lo que me pasó en la infancia; es que el papá que tuve, la mamá que tuve, etc.

Para entender las causas internas y mentales a las que estoy buscando que dirijas tu atención quiero que recuerdes, por favor, cuando has tenido en tus manos un mapa, de una ciudad, de un lugar, de un país.

Allí está representado el sitio en donde estás y también el lugar a donde quieres ir. Es un mapa correcto, es decir, lo que allí está graficado coincide con lo que tienes en tu entorno. Las señales que lo componen, coinciden con las calles en que te encuentras. Es un mapa útil.

Podría ocurrir que ese mapa está incompleto en tanto mucha información que necesitas allí quedó por fuera. Más raro aún es que el mapa tenga información errada y podría ocurrir. Por ejemplo que tengas en tu mano un mapa de España y allí diga, por alguna razón que ignoras, que la capital de España es Brasil.

Resumiendo entonces, todo mapa tiene información correcta, le puede faltar información o puede tener información errada, que es de otro lugar. ¿Y qué tiene que ver contigo este mapa? A continuación me explico.

Imagina ahora que tu mente inconsciente tiene la posibilidad de archivar todas las señales de los sonidos, las imágenes, las sensaciones y las emociones que acompañaron tu desarrollo, desde tu concepción hasta llegar a tu parto para seguir por tus primeros seis años.

Esta es la información que contiene tu mapa de la realidad y en vez de estar impreso en un papel, está en tu mente inconsciente. De igual manera también están archivados en este mapa todos los requisitos que tienes que cumplir para ocupar el lugar que encontraste para ti en tu familia. En estos archivos reposan las creencias en torno a cómo te han concebido, a quién crees que eres y qué debes hacer, sentir y pensar para continuar sobreviviendo.

El mapa sicológico es un resumen, de lo que existe por dentro y por fuera de la persona; un resumen que es tanto razonable como absurdo. Cada persona tiene un mapa, rico en obligaciones, opciones, condiciones, capacidades, tareas, asociaciones, decisiones ilógicas, requisitos raros y exigencias injustas, que su dueño tiene que cumplir.

Este mapa es su guía, es el conjunto de reacciones por las que pasó y aprendió que tuvo que pasar y tendrá que pasar para continuar en este mundo. En el mapa hay información variada, así como en un mapa impreso hay información vial, topográfica, climática, demográfica, etc. El registro del pasado está allí y mucho de cómo tiene que ser el futuro también. Destino y libertad se conjugan en él.

Con el concepto de mapa psicológico entonces me es más fácil ahora, volver a decirte que primero es el cambio interior y después vendrá el cambio exterior:

Si identificas y cambias en tu mapa la información equivocada, por ejemplo: "asocio amor con dolor" y cambias esa asociación con el dolor por la asociación con el bienestar; o "asocio éxito con muerte" y cambias esa asociación con muerte por la asociación con vida; o "asocio estar en familia con escasez" y cambias esa escasez por la asociación con abundancia; o "asocio ser de mi familia con ser excluido" y cambias esta opción por la opción de ser incluido.

Si pones en tu mapa la información que falta, por ejemplo: aunque mi padre me haya golpeado, en el mundo hay hombres que acarician en vez de golpear; o a pesar de que yo haya sido poco deseado en mi concepción, yo puedo encontrar una mujer que sí me desee. O yo puedo aprender un estilo de vida sano y vivir una larga vida, aunque mi padre haya sido matado cuando él tenía veinte años.

Y si haces conciencia de la información inconsciente y correcta que tienes en tu mapa. Por ejemplo: tuve una infancia siendo un niño o una niña feliz; o desde mis ancestros me llegan amor y bendiciones; o mis padres dedicaron gran parte de su vida y bienes, para que yo naciera y me criara.

Entonces, al ir poniendo al día tu mapa, lo liberas de los errores que recogió de tu tradición familiar, desde tu concepción y parto y a través de los primeros seis años de tu historia. Poco a poco vas incrementando el registro interno de las conductas externas que quieres tener. Le vas enriqueciendo de modo tal que puedes abrirte a opciones y puedes reconocerte en tu realidad en una forma tal que puedes ser quien eres, disfrutándote o por lo menos reconociéndote en quien sólo tú puedes ser.

Esto es como si cogieras el mapa de España y corrigieras el nombre de la capital borrando Brasil y escribiendo Madrid; y le adicionaras los nombres de algunas ciudades que faltan y también encontraras que muchos datos que en él están son correctos. Así tienes tu mapa revisado y útil para usarlo en tus viajes presentes.

Tu conducta, la que puedes actuar, tanto si te beneficia como si te perjudica, es una conducta que tienes registrada en tu mapa, como opciones permitidas las que te sirven, y como obligatorias, aunque te sean incomprensibles, las que te perjudican. En tu mapa, las conductas perjudiciales están registradas como necesarias, aunque conscientemente pienses que esas conductas son indeseables.

Vuelves a hacer lo mismo, aunque lo querías cambiar, porque estás intentado dejar una conducta mientras que en tu mapa inconsciente la asocias con alguna lealtad que guardas con tu familia o la asocias con algún concepto distorsionado de ti que aprendiste a tener o la consideras una acción que aprendiste a creer erróneamente necesaria.

Repiten conductas aquellos que intentan cambiar por fuera sin cambiar por dentro. Vuelven a recaer todos los que cambian de conducta sin corregir su mapa. Volver a lo mismo, reincidir, indica que aún te falta profundizar en el conocimiento de las creencias y los datos que están ocultos en tu mapa inconsciente.

En esos datos están las causas de cómo te obligas a actuar de nuevo de formas que tú conscientemente quisieras abandonar hoy. Debido a tu ignorancia, a la inconsciencia que aún conservas, reincides porque en tu mapa antiguo es necesario que lo hagas.

Allí, en tu mapa personal, están todas las asociaciones absurdas, que son ilógicas con respecto a lo que debes hacer. Repites conductas que te chocan aunque con ello vayas en contra de todos esos principios y de toda esa lógica consciente en la que día a día piensas.

Todo esto genera la incoherencia fundamental que sufrimos muchos seres humanos en alguna medida: la contradicción entre sus ideales y razones conscientes enfrentados contra sus reacciones y sentimientos más inconscientes.

Cada quien tiene la oportunidad de aprender a resolver su incoherencia personal, aspirando a lograr niveles mayores de coherencia. Esto es renacer. Al hacerlo evolucionas, te liberas, cambias de conducta después de haber cambiado tú o la idea que tienes en tu mapa de lo que eres y puedes; enriqueces tu mapa y así multiplicas las opciones de tu vida.

Asciendes de nivel energético, desde simples niveles de supervivencia a creciente fluidez viviendo de acuerdo a tus potenciales y aún a niveles más elevados en abierta trascendencia entregándote a energías que están por encima de tu voluntad individual.

Si con este escrito te transmití el concepto de que las verdaderas causas de tu conducta están dentro de ti, en tu mapa de tu realidad, logré entonces lo que me propuse y tú alcanzaste lo que yo esperaba que alcanzaras. También entiendo que con lo leído aún eres incapaz de comprender la totalidad de tus conductas y de identificar la totalidad de sus causas.

Con conseguir sólo información es imposible cambiar la propia vida, pues las experiencias sólo se cambian con nuevas experiencias y eso nunca lo hará un libro por mucho que esperes de él o por mucho que quiera su autor ofrecerte. Ser escuchado por otra persona siempre será una experiencia superior, comparada con leer un libro sobre comunicación.

7. ME CONTRADIGO

Para todo ser humano es muy duro, muy mortificante verse a sí mismo deseando lo mejor y al mismo tiempo verse haciendo lo que le perjudica y lo que para sí mismo es lo peor. Esto, sin embargo, es prácticamente incomprensible para quienes rara vez se han visto en condiciones de incoherencia personal. Les parecen raros los que sufren desgastándose con sus conflictos, mientras se sienten mal.

Sí. Muchas personas se escandalizan con las incoherencias ajenas mientras aún ignoran las propias. Se les hace fácil ver las contradicciones de otros, cuando alguien actúa diferente de como habla, o actúa diferente de cómo se siente. Ven las inconsistencias de quienes se contradicen sobre todo cuando pasan por el periodo de su crecimiento en el que, hundidos en la ingenuidad de su inexperiencia, tienen la ilusión de considerar esas contradicciones tan sólo como un defecto ajeno.

"Yo nunca seré como mi papa", "Yo nunca seré como mi mama" son frases frecuentes entre quienes rechazan las contradicciones de sus padres. La inexperiencia es la madre de todos los juicios. Desde la pre adolescencia es fácil juzgar los conflictos ajenos. Desde la adolescencia es fácil horrorizarse y criticar lo que los mayores hacen con sus vidas, bajo el supuesto de que nunca pasarán por esas.

Muchos jóvenes suponen que jamás tendrán conflictos de pareja, peleas con los hijos, quiebras económicas, indiferencias y apatías afectivas, ausentismos como padre o actitudes de madre sufrida. Suponen que nunca estarán en la situación del doble, solapado, mentiroso, deshonesto, injusto, indefenso, aburrido o equivocado.

En esa edad juvenil creen que experiencias como el dolor, el sufrimiento y el pasar bien maluco durante años, son sólo asuntos ajenos y tienen la ilusión de que situaciones como éstas jamás tocarán su vida.

Llegan a sentir hasta cierto nivel de desprecio por quienes han sido incapaces para ser tan felices como se supone que ellos podrán. Los jóvenes sufren de una ingenuidad juvenil, en tanto juzgan a los demás por la pobreza de sus resultados y se juzgan a sí mismos por la grandeza de sus ilusiones.

En general, los jóvenes aún están libres de los resultados de su propio mapa, pues en la vida se juzgan a sí mismos desde sus hipótesis, bajo la protección controladora de los adultos que les cuidan. Solo gradualmente, a medida que cada joven empieza a asumir su identidad de adulto, en la medida en que da pasos hacia su propio camino, es cuando empieza a activar los patrones que le programan desde su mapa inconsciente, para ser pareja, para ser padre, para ser responsable económicamente, para ser miembro activo en un mundo familiar, social y laboral.

Toda experiencia que representa malestar, dolor y sufrimiento es una experiencia imprevista, indeseable, un resultado que jamás alguna persona buscó tener. Es la consecuencia de un programa mental recién activado que quien lo padece, jamás se imaginó que lo tenía.

Creo que nunca has conocido a alguien que despierte en la mañana diciendo algo como: "Qué rico sufrir hoy bastante", o diciendo: "Que dicha conseguirme una novia para que me rechace"; y más raro es pensar en alguien que diga: "Voy a crear una empresa para quebrarme".

Decía que hay épocas en la vida en las que los jóvenes suponen que todo el dolor es ajeno, en las que se suponen sabedores de cómo hay que actuar, para que todo salga bien y para que sus resultados sean exactamente lo que quieren.

Y cuando menos piensan, cuando más han luchado por lo contrario, podrían encontrarse sufriendo algo parecido a quienes más despreciaron o incluso podrían estar pasando por experiencias que jamás vieron, ante las cuales se encontraron desprevenidos, pues jamás las buscaron y menos las esperaron.

Y van pasando los años y se van encontrando con que se volvieron el que menos quisieron, el que más juzgaron, el que más intentaron negar en su realidad. Es cuando descubren en sí mismos a alguien contrario al que buscaban. Se vuelven iguales a aquel que intentaron negar y están inundados de todo lo que más rechazaban.

Por favor vuelve a pensar esto: cada quien es responsable de gestionar su propia incoherencia. Y esto también: todos estamos en sanación… todos estamos en proceso de hacernos conscientes para cambiar patrones que nos condenan a destinos de dolor, malestar y sufrimiento.

El proceso de pasar desde las propias contradicciones hacia la propia coherencia es gradual, lento y poco a poco podemos vivirlo con paciencia y con perseverancia. La inconsciencia es implacable: todo patrón inconsciente que soportamos dentro de nosotros, nos llevará a las experiencias que más temíamos y menos deseábamos.

Nuestros resultados son nuestros informantes de qué tanto nos falta cambiar por dentro. En nuestros resultados están las señales de cuanta armonía hemos encontrado dentro de nosotros y por cuanto conflicto aún pasamos o estamos destinados a pasar.

Cada caída y cada recaída es una práctica de humildad. Salido del orgullo de querer exhibir tu logro, te ves en la forzosa obligación de admitir que aún te falta explorarte y que aún tendrás que profundizar en ti, tras la búsqueda de las causas que te llevan a donde rechazas ir, para poder optar por tu bienestar.

Es doloroso admitir que somos mucho menos que pura libertad. A cada quien le corresponde enfrentar la magnitud y el carácter de su destino. Los desafíos son bien desiguales, pues el lugar que cada uno ocupa es único, particular y sin comparación con los de otros.

Tu batalla es bien diferente a la ajena y desde tu lugar estás enfrentado a un punto de vista propio, a tu horizonte y al desafío que te toca a ti y sólo a ti enfrentar. Para resolver cualquier conflicto primero tienes que reconocer que es tuyo y que tú lo tienes.

El dolor de ser único es más notorio para unos que para otros y a algunos les toca enfrentarlo desde etapas más tempranas de la propia historia. Huyendo del dolor de sí, huyendo del dolor de la propia unicidad, muchos consagran la mayor parte de sus esfuerzos a ser parecidos a los demás y a ser como quisieran las mayorías llegar a ser.

Lo cierto es que el camino en el que saliendo desde las propias contradicciones avanzamos hacia una coherencia personal, es un camino sin igual para cada quien, con retos y oportunidades irrepetibles.

Yo, como cualquiera, también he caído víctima de mis propias contradicciones al tiempo que he batallado buscando mi armonía y la manera de aceptar íntegramente la totalidad de quien soy.

Ignoro si mis dificultades y lo exigente de mis desafíos son tan duros como los de cualquiera. Esto carece de relevancia en tanto lo importante es ir desde donde hoy estás hacia lo que puede ser para ti. Y de todas maneras, a veces, la propia batalla parece peor que la de todos. Y al final concluirás, cuando te mires en libertad, que te va muy bien dedicándote a ser el que eres y el que te descubres cuando despiertas de los patrones que te alejaban de tu realidad.

Lo cierto es que por muy duro que sea tu destino, tal vez entre más lo miras más clemente es y más oportunidad tienes de encontrar tu propia libertad. Las durezas de tu destino te darán las características de tu experiencia y al enfrentarlo y mirarlo te puede dar la oportunidad de altura y alcances para tu visión y tu identidad.

Pasar de ser un esclavo de tus patrones a convertirte en alguien libre por tus decisiones representa la oportunidad de tu vida, el motivo para tu esperanza y la conciencia de que fundamentalmente estás aquí para hacer algo que es beneficioso para ti, en tanto te libera de sufrir y te corona como el rey o la reina de tu realidad.

Es agradable tener esperanza, saber y creer que hay algo mejor que aquello por lo que hoy pasas. Es lindo mirar a lo lejos, contemplar un horizonte hermoso convencido de que allá hay algo para ti y que allí está una presencia que te ama y que te espera.

Las promesas están dadas para todo el que logra mirar más allá de sí, más allá de donde ahora está. Tus ojos están hechos para mirar más allá de tus narices especialmente en la dirección en la que por ahora son incapaces de ver algo.

La ceguera personal es transitoria pues está más causada por tus patrones internos que por la real inexistencia de riqueza de oportunidades en tu presente. Cambiando tu inconsciencia incrementas tu capacidad para ver la riqueza que emerge dentro de ti y que aparece en todo lo que te rodea, pues siempre ha estado presente y siempre lo estuvo, desde mucho antes de que pudieras mirarle.

El dolor que soportas, las contradicciones que sin querer enseñas, la impotencia que sufres, el antagonismo que padeces, los conflictos por los que atraviesas, las derrotas en que caes y tu división interna, todo ello es tu punto de partida cuando aceptas al que te toca ser en camino hacia el que tú quieres ser y con el que tú te puedes sentir bien.

8. EN LA LUCHA

Tanto que usamos esa expresión de estar en la lucha y tan poco que reflexionamos en sus causas. Luchar es desgastarte, agotarte, invertir todos tus esfuerzos sin asomo mínimo de resultados. Es un patrón mental y para definirlo de una vez, ese patrón es un esquema mental de pensamiento, sentimiento y comportamiento que una y otra vez sirve de molde para tu manera de actuar. Es un esquema mental que, anidado en ti, de forma inconsciente marca tu estilo de conducta, diseña tus actos sin tu consentimiento consciente.

Los patrones, te lo informo desde ahora, son la causa de que a veces actúes como zombi: alguien que hace algo sin conciencia y consentimiento para lo que hace. La otra cara de esta situación es que las personas también tenemos rasgos de iluminados: seres conscientes, libres, con potencial creativo proveniente de nuestro ser Divino interior. **Y lo mejor: es posible pasar de zombi a iluminado, gradualmente, cada vez que caemos en cuenta de haber estado haciendo algo sin darnos cuenta y decidimos actuar para empezar a hacer algo con conciencia por nuestra decisión.**

Planteadas así las cosas, quienes hablan de luchar hablan desde el lugar del zombi. Suena duro, lejos de mí querer ofender y es así. Si te molesta esto, tal vez te sirva de consuelo saber que todo humano que respira, tiene o ha tenido patrones por los cuales a veces ha actuado de formas diferentes a las que consciente y autónomamente buscaba. Y todo humano en alguna ocasión ha desistido de alguna conducta inconsciente para cambiarla por otra más consciente. Asoman en nosotros nuestras facetas de zombi y nuestras facetas de seres iluminados, con conciencia y libertad creativa, pudiendo decidir lo que queremos.

Volviendo ahora al tema de los luchadores, tengo en cuenta que muchas personas se definen como tales, mientras que otras jamás aceptan esta definición de sí mismas. Los que hablan de sus luchas, hasta con orgullo hablan de su esfuerzo, de su agotamiento por buscar lo que nunca han conseguido. Pueden llegar a los 70 años diciendo con orgullo: "yo he luchado a brazo partido" o "yo he luchado toda mi vida". Este es un orgullo carente de importancia, pues, ¿de qué sirve esforzarse mientras que tu situación sigue siendo la misma? Estoy siendo claro en distinguir a quienes hablan de luchar, mientras que siguen sin resultados y quienes en vez de luchar, hablan de lograr hasta alcanzar lo que buscan.

Mi cuestionamiento ha sido para quienes automáticamente hablan de luchar. Es mi intención protegerte de que te pases tu vida esforzándote sin nunca hacerte el propósito de tener logros, alcanzar metas y conseguir resultados. Si te ves así, como un luchador, te recomiendo empezar a definirte como alguien que busca logros, alcanza metas, consigue lo que se propone o tiene libertad para abandonar una meta que identifica frustrada, inalcanzable, imposible de conseguir. Te conviene desde ya empezar a considerarte alguien de logros y para apoyarte en esto, para lograr que empieces a verte como alguien que ha tenido logros, quiero mirar los siguientes logros básicos que tú ya has tenido en tu desarrollo.

Para entender nuestra realidad, el punto en que estamos, los retos en que nos ponemos y las oportunidades que tenemos con nuestro poder para tener logros nos conviene recordar de dónde venimos. Todos tenemos un pasado común: todos fuimos diminutos, invisibles, de un tamaño celular cuando fuimos concebidos y poco a poco pasamos de invisibles a visibles en el desarrollo minúsculo de nuestros órganos hasta llegar a ser un pequeño feto listo para nacer. Llegamos a este punto de desarrollo gracias a nuestra **conexión umbilical** con la madre que después nos parió. Este fue un primer logro que nos ha servido para avanzar hacia la manifestación que hoy tenemos.

Después de nuestro parto, la huella que nos queda de nuestro cordón umbilical es nuestro ombligo. Al nacer hacemos nuestras primeras respiraciones para sobrevivir y así pasamos a tener una nueva conexión llamada **conexión de necesidad**. En este nuevo logro, en esta conexión, algún adulto, fuera nuestra madre biológica o su sustituto se hizo cargo de nuestro cuidado, velando por nuestro crecimiento.

Todos pasamos por esto y así todos compartimos experiencias de sobrevivientes, en las cuales pasamos por los momentos de máxima pequeñez, fragilidad y dependencia.

Cada uno de nosotros sobrevivió a su manera. Cada quien almacenó en su mente inconsciente las señales de los sonidos, de las imágenes, de las emociones que acompañaron el inicio y el desarrollo de sus primeros días en este mundo. Y cada quien conserva o conservó estos archivos tempranos como la fuente de las acciones con las cuales sobrevivió. Son acciones que ya fueron probadas en los momentos de máxima necesidad y en los periodos en que pasamos por los mayores riesgos de mortalidad.

9. YO ME QUIERO REALIZAR

Y si sobrevivimos a estas etapas, entonces continuamos desarrollando nuestra capacidad analítica, teniendo creciente capacidad de conciencia y pensamiento, desarrollando una nueva mentalidad. Con este avance, te invito a que de nuevo te mires como alguien que puede lograr lo que se propone.

Así, poco a poco nos fuimos preparando para nuestra tercera forma de hacer contacto con la realidad. Nos fuimos sintiendo listos para tener una **conexión desde la voluntad.** Acá en vez de lo umbilical y en vez de la necesidad, nos vamos guiando por los asomos de nuestra voluntad personal. Empiezan a surgir en nosotros las expresiones de lo que queremos; empezamos a manifestar nuestras intenciones y vamos practicando con nuestras primeras decisiones. Descubriendo nuestro poder para expresar lo que queremos, estamos teniendo un nuevo avance en el desarrollo de nuestro poder para lograr objetivos.

Si miráramos más allá de la conexión voluntaria, podríamos ver **la conexión espiritual** que nos espera y a la que a algunos ya se han acogido; en la que vamos soltándonos de nuestra libertad y de nuestro enamoramiento de sí mismos, cuando comprendemos que más importante que nuestra voluntad personal es abrirnos a la voluntad universal. Una forma avanzada, tal vez la más avanzada para lograr lo mejor de nosotros mismos. Es un entregarnos a lo que la vida tiene para nosotros más allá de nuestra conciencia limitada a lo que nosotros queremos de la vida.

10. NOS FORMAMOS CONECTÁNDONOS

Sí. Conectarnos quiere decir que hacemos contacto con el mundo que nos rodea, que establecemos un vínculo a través del cual damos y recibimos, en el cual aportamos al mundo y el mundo nos aporta.

Sabes, con el anterior recuento, que hay cuatro formas de conectarnos: la conexión umbilical, la conexión de necesidad, la conexión de autonomía y la conexión espiritual.

En nuestro desarrollo, en nuestro diario vivir, empezando cuando somos concebidos, vamos sumando las huellas que deja cada conexión en nuestra mente.

Con las experiencias que pasamos en nuestra conexión umbilical y con las que tuvimos en la conexión de necesidad vamos a conformar nuestra mentalidad de supervivencia y con las experiencias de la conexión de autonomía y de la conexión espiritual vamos a formar nuestra mentalidad para vivir.

11.POCO HABLO DE LA MENTALIDAD DE SOBREVIVIENTE

Ahora quiero hablarte un poco más detalladamente de **la mentalidad de sobreviviente**, sí. En esta mentalidad te guías por la necesidad. Necesitar es depender de algo que es indispensable para tu organismo, como la nutrición y el oxígeno. Necesidad también es algo que, a nivel mental, en tu desarrollo temprano aprendiste a creer indispensable, aunque sea después para ti algo ilógico. Por ejemplo aprender que para sobrevivir tienes que tener escasez o sufrir aislamiento. O creer que el amor tiene que doler o que para conseguir lo que quieres tienes que sufrir y sacrificarte. Estos son aprendizajes, asociaciones personales que hace cada quien, de acuerdo a las experiencias que tuvo antes de nacer y desde cuando fue recién nacido hasta alcanzar sus primeros seis años.

La mentalidad de supervivencia es guiada por el miedo a sufrir y a morir. Su estilo es la urgencia, la emergencia, el afán. En las reacciones de supervivencia pasas por tensiones al creer que si actúas incapaz de satisfacer tus necesidades, entonces te podrías morir.

La mentalidad de supervivencia también se caracteriza por ser automática. Está conformada por formas de actuar programadas que tienes sin pensar, sin intención y sin decisión. Es tu forma repetitiva de enfrentar las tensiones, los peligros y sobre todo las condiciones que inconscientemente aprendiste a cumplir para poder confiar en que te estás salvando de tu muerte.

La mentalidad de supervivencia te mantiene ligado a niveles inferiores de energía. Es una lucha contra el miedo, el dolor, el malestar y la muerte. Una parte de ti sabe que puedes continuar aquí, en este mundo, si repites las conductas y las experiencias asociadas a tu supervivencia.

Aunque conscientemente después lo rechaces, a nivel inconsciente te sientes necesitado de tus reacciones para sobrevivir. Repites tus reacciones de supervivencia aunque ellas te parezcan muy malucas a medida que creces y cambias de mentalidad.

La mentalidad de supervivencia es imitativa de las experiencias que ya sobreviviste alguna vez. Si pasaste por experiencias de peligro y malestar en tu pasado teniendo determinadas conductas o con determinados pensamientos, en el futuro, cuando de nuevo te enfrentes a una emergencia similar, sin darte cuenta, vas a repetir, vas a imitar esas conductas, vas a volver a buscar esos pensamientos con los que ya sobreviviste anteriormente.

12. Y LA MENTALIDAD PARA VIVIR ES...

Miremos ahora **la mentalidad para vivir.** Es diferente de la mentalidad para sobrevivir. En la mentalidad para vivir te guías por tus decisiones, tus potenciales y tus oportunidades. A medida que creces desde tus seis años hasta tu adolescencia, vas desarrollando tu capacidad de pensamiento analítico. Con este pensamiento harás conciencia de tus intenciones e irás expresando tu voluntad.

A medida que creces tomas una conciencia creciente de tus capacidades, de todo lo que puedes hacer por ser tú y para sentirte bien. Todo lo que vas haciendo son potenciales que estás empezando a realizar. Es un periodo en el que el optimismo y los sueños te convencen de que te va a ir bien en tu futuro.

Guiado por tus ánimos, siguiendo tu vocación al bienestar, haces conciencia de tus intenciones, de tus propósitos, de tus planes y de tus proyectos de vida. Actúas orientado por tus satisfacciones y por el amor que encuentras en quienes te cuidan. Lo que haces busca satisfacer las condiciones que te ponen las personas que te importan. La mentalidad para vivir, en vez de luchar contra algo, se enfoca, se orienta hacia algo que tú quieres o buscas.

En la mentalidad para vivir tomas decisiones. En vez de reacciones tienes propósitos. Actúas como decides actuar. Tus actos reflejan cómo te sientes capaz, que es lo que consideras permitido para ti. Buscas aprovechar tus oportunidades y con total confianza, esperas que todo te salga como tú quieres.

En la mentalidad para vivir buscas tu realización personal. Fe, confianza, esperanza y tranquilidad te acompañan a medida que tomas tus decisiones, defines tus proyectos, haces tus planes y te fijas tus metas. Realizarte es expresar en el mundo todos esos potenciales que sientes dentro de ti. Es expresar toda la riqueza interior que sabes que eres y que poco a poco liberarás para tu satisfacción y la de los que te aman.

Con la mentalidad para vivir te abres, tanto a ti mismo, como a la realidad en que vives. Vas descubriendo niveles cada vez más elevados de energía, desde la tranquilidad, hasta el amor y la dicha. El sentimiento de realización es creciente y la sensación de felicidad es mayor, entre más liberas el potencial que tú eres.

Tu mentalidad para vivir es cada vez más fuerte, entre más ejercitas tu autonomía, especialmente cuando se trata de tomar conciencia de tus automatismos para remplazarlos con tus decisiones.

13. TENGO CONFLICTOS ENTRE SOBREVIVIR Y VIVIR

Correcto. Y después, para unas personas más que para otras, van a aparecer las incoherencias, los conflictos interiores y los sentimientos y conductas que aparecen de forma inesperada.

Es porque los esquemas mentales de nuestras reacciones para sobrevivir tienen que convivir y estar en oposición con los esquemas mentales de nuestras intenciones para vivir. Repetidamente se van oponiendo unas contra otras.

Muchas veces nos encontramos con que tomamos decisiones con la intención de realizarnos, de llegar a estar bien en nuestras vidas y sin comprender por qué, otra vez sin pensarlo, tal vez cuando menos lo deseamos, experimentamos una reacción o encontramos un resultado que nos devuelve a viejas experiencias, frustrando los logros que nos propusimos alcanzar.

Por esta causa muchas veces vamos descubriendo en nosotros esas contradicciones internas en las que por un lado queremos dedicarnos a vivir y por otro lado sin saber por qué nos mantenemos limitados a sobrevivir.

Con estas contradicciones están muchas personas, en las situaciones que has encontrado descritas a través de esta lectura: los que quieren su vida y al mismo tiempo tienen que estarse comparando con otros, aquellos que se enfocan más hacia su pasado y a lo que ya experimentaron, en vez de mirar hacia su ahora y hacia lo que hoy les da su presente para vivir. En estas contradicciones también están quienes dicen: "Toda mi vida he sido así", autocondenándose y restringiéndose sin saber por qué; y hay otros que queriendo cambiar vuelven a repetir la conducta que querían dejar atrás.

Estos son solo algunos ejemplos de las vivencias por las cuales pasan quienes queriendo vivir bien, tan solo llegan a estar mal. Los esfuerzos por alcanzar la propia humanidad, las batallas interiores son consecuencia de las contradicciones entre las mejores intenciones y propósitos por un lado contra las viejas reacciones que vuelves a tener de tiempo en tiempo.

Algunos intentan solucionar todo esto manteniendo su atención más afuera que adentro de sí mismos. Se ayudan con el exceso de ocupación, la negación, la represión y la evasión de su interior. Hacen como si nada de esto existiera y por mucho que lo niegan, tarde o temprano tendrán que enfrentarse a su dualidad interior. Toda persona, en algún momento de su vida, se ha visto en la obligación de resolver alguna contradicción que tiene consigo mismo.

En tu interior se enfrentan tu vocación al bienestar y tu lealtad inconsciente al malestar. Tus resultados son una mezcla entre el querer vivir y el tener que sobrevivir. Y en esta división, en estos conflictos, transcurren los esfuerzos por resolverlos que en unos duran más que en otros, pues aunque venimos de las mismas conexiones, cada quien pasa por ellas registrándolas en su mente, de una forma muy particular, muy única e individual.

14. ¿Y ENTONCES?

Podrías estar pensando ahora: ¿Qué hago? Conozco mis dualidades, percibo mis contradicciones, tengo ideas sobre las causas de mis conflictos, reconozco que a veces me veo en estas, ¿y?

¿Esto es una sin salida? ¿Me tengo que resignar a sufrir estos desgastes? Lo pasado, pasado es y ya nada hay para hacer. Pensar así es una manera de salir de estos cuestionamientos, una manera de seguir adelante, con el presentimiento de que prontamente estarás en las mismas, cayendo en las garras del determinismo, siendo víctima de la impotencia y hasta de la desesperanza.

El mejor pensamiento en torno a estas ideas, es recordar que tu mapa interior, donde está el registro de todas tus experiencias con las diferentes conexiones que has hecho en tu historia, es un mapa que puedes cambiar, cuyos errores puedes corregir; al que puedes enriquecer con nuevas opciones y del cual puedes identificar también las opciones correctas que en él tienes registradas.

¡SE PUEDE CAMBIAR! Hay esperanzas, hay posibilidad de ir más allá de las concepciones deterministas y derrotistas, que te condenan a lo peor. Tu voluntad cuenta, tu conciencia te puede apoyar y entre más claro sea tu propósito de armonía personal, más encontrarás en el universo las circunstancias perfectas para apoyarte.

En cuestiones de cambio personal he visto a personas que logran cambios en unos días, así como he conocido a personas, incluido yo, a las que cambiar nos ha tomado décadas de años.

También te digo que, en términos de conciencia, de armonizar tu interior, de descubrirte y liberarte, siempre te ayudará mucho más todo lo que sobre ti descubras en contraste con la oscuridad en que antes estabas.

El punto esencial es: ¿qué quieres tú? Porque nunca, nada ni nadie podrá ayudarte más allá de lo que tú te permitas. Sólo, en tanto descubras en ti un deseo auténtico, un compromiso profundo para encontrar tu propia coherencia, entonces en el universo estarás encontrando las ideas, los recursos, las oportunidades y las personas capaces y dispuestas para ofrecerte la ayuda que necesitas y buscas para ti.

15. NUNCA HE PENSADO QUE YO PUEDO RENACER

Hoy hablamos mucho del cambio. Aquí, es evidente, estoy hablando del cambio personal, del propio, del interior y del que solo puede hacer su protagonista. En términos de este tipo de cambio, el nombre que más me sirve para describir estos procesos es el de renacer.

Renacer es abrirte a lo nuevo, soltando lo que ya fue. Cada día, en cada momento en el que estamos en contradicción con nosotros mismos, podemos renacer avanzando a un nivel superior de armonía personal.

Renacemos cada vez que descubrimos que estamos haciendo algo con lo cual nos sentimos mal, repitiéndolo sin saber por qué y entonces nos dedicamos a investigar la causa interna, los hechos de nuestro pasado en los cuales aprendimos a hacer esa conducta dañina, llegando a creerla engañosamente necesaria. Y luego de comprender esas causas originarias, empezamos el proceso de re-decidir de cambiar esas viejas opciones por nuevas decisiones; cada vez que hacemos esto, estamos dando pasos hacia nuestro nuevo renacer.

Cuando renacemos, nuestro exterior nos contradice menos y nos acoge más. Pasamos de estar conformados por partes que se contradicen a estar conformados por partes que se consienten. Vamos del conflicto interno a la creciente armonía. Cambiamos de la división interna a la unidad interior. Nos dirigimos del empequeñecimiento en la inconsciencia al crecimiento en la conciencia; pasamos de estar excluidos o excluyentes a estar incluidos en nuestro lugar, tanto nosotros como los demás. Evolucionamos de ser dobles a ser íntegros. Avanzamos de la incoherencia a la coherencia. Nos liberamos de la oscuridad a la luz, del yo inferior y básico al yo superior y esencial. Del antagonismo con los otros a la complementariedad con los demás, hacia allá también vamos. Nos descubrimos desde nuestra lucha para evitar nuestra desaparición, a nuestra voluntad para permitir nuestra expresión. Nos asumimos desde nuestra libertad hacia nuestra apertura a lo universal, cósmico, sincrónico, milagroso y presente con amorosidad.

Hay tres grandes formas de renacer: renacer la mentalidad fetal, renacer la mentalidad infantil y renacer la mentalidad adulta. Toda persona puede apoyar su proceso de cambio con cualquiera de estas formas de renacer:

Renacer la mentalidad fetal. He escuchado a personas decir cosas como: "Quisiera acostarme, olvidarme de todo, cerrar los ojos y como dormirme durante años y después despertar a una nueva vida". Y otros han dicho: "Me gustaría empezar con una vida nueva" o "Quisiera reiniciar mi mente, quisiera reprogramarme". Se sorprenden cuando escuchan que todo esto es posible y que sus deseos expresan los conflictos que sufren entre sus patrones inconscientes y sus intenciones conscientes.

Mira este caso: una mujer queda en embarazo de forma imprevista. Durante meses antes del parto es golpeada por su pareja. En ese periodo esta madre tiene que huir en la noche a esconderse porque le buscaron para matarle. La bebé logró nacer y después, cuando fue adulta, sufrió de crisis de pánico, ignorando las causas de sus terrores. Cuando tuvo unas sesiones de respiración consciente, activó pensamientos negativos que estaban enterrados en las profundidades de su inconsciente. Algunos de ellos fueron: soy un imprevisto; tengo que esperar ser matada o me buscan para hacerme daño. Al activar estos recuerdos, fue liberándose de sus reacciones de pánico.

Esta es una descripción simplificada de un proceso que es muchísimo más complejo. Busco ilustrar las experiencias prenatales y perinatales dando forma a patrones de reacciones inconscientes y cómo, mediante el renacimiento, con la respiración consciente, podemos activar y disolver estos esquemas sanándoles también con nuevos pensamientos a los que llamo **semillas de luz.** Para esta mujer algunas de estas semillas de luz fueron: Soy parte de un plan para vivir; mi vida es esperada y amada; estoy segura estando presente en mi espacio; y finalmente otro ejemplo de semilla de luz empleada fue la siguiente: puedo esperar amor y caricias por el solo hecho de yo existir.

Para renacer esta temprana mentalidad de sobreviviente, una persona necesita **respirar conscientemente.** Esto lo hace acompañado de alguien que ya ha sanado su propio trauma de concepción y por ello tiene conciencia, tranquilidad y claridad para acompañar a otros en su propio renacer.

Renacer la mentalidad infantil. Con respecto a la infancia, hay personas que intuyen que allí ocurrieron experiencias que marcan su vida adulta. Intentan recordar y hablar de ellas mientras ignoran qué más hacer para liberarse.

Todo esto ocurre en las experiencias que pasas en tu familia, al tiempo que hay el mayor deseo de amarte y de facilitarte lo necesario para tu desarrollo.

Poco a poco puedes aprender a hablar de lo que pasa por dentro de ti y para ello te puede ayudar mucho la compañía de alguien que es conocedor de estos caminos y que es experto en salir de estas profundidades.

Este caso te ilustrará más: una mujer cuando era una niña de unos cuatro años, vio en repetidas ocasiones a su padre golpeando a su madre. Su padre actuaba con brutalidad, como si fuera insensible. Alguna vez dijo: "El que me la hace me la paga". La madre se sentía cohibida para reclamar y defenderse. La niña percibía todo esto, sintiendo ira y miedo, mientras sobrevivía esta experiencia, incapaz de pensar en lo que estaba pasando. Al crecer esa niña, ignorando sus causas internas, decía a su esposo cuando llegaba borracho: "Golpéame si eres tan guapo". Ya había sido golpeada varias veces por su marido. Ella se sometía a sus golpes después de pedirlos. Era como si pagara por algo, ignorando que se creía en deuda. Estaba bloqueada para reclamar o pedir caricias y respeto. Reaccionaba con sumisión, descartando su capacidad para razonar. Sin pensarlo se descalificó como mujer que inspiraba amor y sobrevivió varias golpizas. Repitió esto ignorando sus causas internas.

Solo cuando habló de su problema, con un experto en los esquemas automáticos de la infancia, vinieron a su mente sus recuerdos y empezó a tener la luz, la conciencia necesaria para una comunicación autónoma. Además descubrió que en su familia, entre sus ancestros hubo conflictos en los que su bisabuela resultó asesinada y descubrir esto, además de impactarle, le dio pistas para comprender por qué ella buscaba el lugar de la maltratada.

Se sintió más libre al reconocer en su corazón tanto la presencia espiritual de la mujer asesinada como la presencia espiritual de su perpetrador. Así agrandó la conciencia de sí, tanto desde su alma como en el alma de su familia y empezó a armonizar los encuentros con su pareja.

Se ayudó con algunas **semillas de luz.** Algunas fueron: me permito ser amada; puedo reclamar y defenderme; puedo pedir amor y caricias. Honro la presencia de mi bisabuela y reconozco la existencia de quien terminó con su vida.

Cuando empezó a hacer comunicaciones nuevas, repitió estas semillas de luz, y abrió su corazón a la totalidad de sus ancestros, empezó a mejorar su relación de pareja y en vez de venir a mi oficina agredida, empezó a presentarse a la consulta con sonrisas en su rostro, llenas de satisfacción y picardía.

Esta es otra sanación. La describí de forma simulada y así cumplo a cabalidad mi compromiso de confidencialidad con quienes me consultan.

Sanas tu mentalidad infantil, con **conversaciones conscientes** con alguien que desde su amplitud de conciencia, desde su respeto y desde su experiencia está en capacidad para ayudarte a mirar hacia donde necesitas tener más luz, para avanzar hacia tu libertad personal.

La conversación consciente es entre alguien que lucha contra sus esquemas de supervivencia, con otra persona que ya ha avanzado integrando los suyos y que conoce técnicas para ayudar. Es indispensable que mires tanto hacia tu historia personal como hacia tu historia familiar. Importan tanto los hechos por los cuales pasaste en tu infancia como los acontecimientos que ocurrieron entre tus parientes, mucho antes de tu concepción.

Tus resultados te van permitiendo llegar a tu libertad, a tu ser completo y a sentir que eres miembro de tu familia, en un lugar en el que tienes confianza, amabilidad y gozo. Ser liberado desde tu alma y desde el espíritu familiar es una experiencia que te sabes viviendo, cuando de verdad llegas a ello. Cumpliste con tus lealtades inconscientes y de verdad eres libre para tus propósitos conscientes. Tú sabes cuándo llegas a tu lugar en el territorio espiritual de tu familia.

Renacer la mentalidad racional. Te puede ser muy familiar buscar la ayuda de expertos, afuera de ti mismo, si ya sanaste la conexión umbilical y de necesidad. ¿Estás listo para encontrar ayuda de alguien en tu interior?

Para avanzar desde tu conexión racional hacia tu conexión espiritual necesitas otro renacer.

Con tu conexión de autonomía, a la hora de elevarte con tu renacer espiritual encontrarás que puedes ir más allá de lo que hasta hoy has logrado. La vida adulta es el punto de partida hacia una nueva perspectiva; una oportunidad para riqueza de visión y nuevas experiencias. Renaciendo distingues lo que es descanso, de lo que es parálisis y aprendes maneras activas de lograr liviandad para tu vida. Renacer la mentalidad adulta es oxigenarte descubriéndote desde una perspectiva más relajada, y tan productiva e inspiradora como nunca antes lo habías experimentado.

¿Por qué es cada vez más frecuente este renacer? Los adultos, a pesar de su experiencia, cada vez están más abiertos a nuevas habilidades y nuevos avances en el coraje de soltar el control, abrirse, confiar y tener fe.

Por muy expertos que ya seamos, podemos encontrar concepciones de la realidad que nos permiten evolucionar a niveles superiores de armonía tanto interior como exterior, cósmica o espiritual.

Renacer la mentalidad adulta es encontrar la inspiración divina en tu corazón y en esto te ayuda **la meditación consciente.** La ayuda, más que del exterior, viene del interior. Es algo que haces dentro de ti y que te hacen dentro de ti. Y ¿quién te hace algo? La presencia del espíritu, la sabiduría cósmica, la mente universal, tu doble, la conciencia infinita o la fuente de todo.

Tú encontrarás los conceptos y los nombres con los que le llamas. Tú encontrarás la técnica que te sirve, la que es para ti y aquella para la que tú eres. Lo cierto es que poco a poco te abres a una Presencia en ti, que te va iluminando, te va nutriendo, te va orientando y con el descubrir gradual te va liberando.

Este renacer lo haces desde tu conciencia abierta a tu iluminación; es un renacer que trasciende razones y con el que te descubres por encima de cualquier mentalidad, a medida que te abres a ti mismo con humildad, como espíritu y como alma.

En este renacer presientes que eres mucho más, que lo que de ti sabes. Te sientes bien, te sabes bien y surge la certeza de tu bienestar y tu seguridad, porque sabes que en ti esta, el que siempre te cumple, el que te atiende y el que te luce y te hace brillar, para tu regocijo espiritual y con una total independencia de la opinión que sobre ti puedan tener las personas en tu mundo.

Sanando nuestra mentalidad adulta trascendemos nuestras circunstancias y nos elevamos por encima del simple aparentar e impresionar a nuestro prójimo. Descubrimos que somos mucho más que cualquier rol social con el que nos hemos identificado. Fluimos desde nuestro ser y desde cómo estamos por dentro.

Sanar la mentalidad adulta es encontrar una conexión universal en la que estamos sostenidos, respaldados, sustentados, protegidos. Las energías en nuestro interior van encontrando una armonía con las circunstancias y los hechos en el exterior. Revolucionamos nuestro concepto de la realidad, comprendemos que todo lo que encontramos es expresión del todo eterno, de la voluntad perfecta, de aquel con quien siempre nos sentimos seguros, para el que, en nuestra totalidad, somos perfectos e importantes.

Entre más renacemos más podemos comunicar desde nuestro interior, lo que somos con transparencia, unidad y claridad. Y entre más renacemos más poder vamos encontrando para crear y para ser confirmados por el universo validando la expresión de lo que somos y nos nace ser. Revolucionamos también la idea que tenemos sobre nosotros, ascendemos en nuestras expectativas y enriquecemos la fe que tenemos en nuestras posibilidades creativas.

Entre más renacemos más abiertos estamos, tanto a lo que brota dentro de nosotros, como a la voluntad que desde el infinito nos moldea, nos conduce, orienta y transforma en todo lo que desde lo superior se espera que para nosotros sea.

Renacer es pasar de la contradicción interna a la unidad personal. Es ir en cualquier campo de nuestra vida, desde el conflicto a la armonía. Por dentro y por fuera, cada vez en una sensación de creciente conexión, complementariedad y sincronía.

16. ¿POR DÓNDE EMPIEZO?

Somos muchos los que fuimos concebidos en un vientre materno y luego nacimos; menos los que logramos superar los primeros seis años; muchos menos los que nos volvimos autónomos creciendo y todavía muchos menos aun los que llegaremos a estar en una dimensión espiritual y trascendente mientras vivimos aquí en este mundo.

El proceso de sanación de cada quien es bien individual. Cada persona busca alcanzar su propia manifestación particular. A cada uno le corresponde pasar por sus propias experiencias. Cada individuo conoce sus propias contradicciones, sus logros y frustraciones, sus conflictos internos y la conciencia de su progreso en la búsqueda de su armonía y satisfacción personal.

Cuando una persona recae en una conducta indeseable que intentaba cambiar, muy probablemente, ha renacido de algunos de los patrones que le llevaban a la conducta indeseada, mientras que otros siguen sin cambiar. Por ejemplo, cambió actitudes aprendidas en sus seis primeros años mientras que siguen sin cambiar patrones provenientes de su concepción o de sus ancestros. Solo tendrá un cambio integro, un renacer completo, cuando cambie la totalidad de los patrones que le causan la conducta que quiere superar. El cambio interior completo, será el que garantice la propia confiabilidad y la propia integridad.

Trascender la mentalidad umbilical, la infantil o trascender de la conciencia adulta a la espiritual incluye abrirte a creciente autoaprobación, amplitud de conciencia, armonía interior y exterior, riqueza de opciones, capacidad de libertad y, finalmente, valor para confiarte y entregarte a una voluntad superior.

Más allá, cuando avanzas hacia un desarrollo superior, empiezas a sentir tu conexión inequívoca con el espíritu, con su calidad amorosa y con la voluntad que tiene para ti y para cada uno de nosotros.

Cada quien está enfrentado a lo suyo, a lo que le toca, enfrentando un destino que siempre es particular. Parte del trascender es aceptar una dolorosa individualidad, un inevitable estar solo, que entre más aceptas más te convierte en un ser único en la historia, en el presente y en el porvenir.

Como tú nadie más es, ni podrá ser en el futuro. Gracias al descubrirte por dentro, llegas a lo que tú y sólo tú puedes crear; encuentras la felicidad de sentir que tu voluntad está en pura armonía con la voluntad celestial.

Cuando aceptas que haya sido para ti, lo que te correspondió aunque jamás lo hubieras calculado y menos planeado; cuando eres feliz haciendo algo que solo tú alcanzas a originar, empiezas a conocer la gloria en la que tu sueño también es un sueño universal, vuelto realidad.

17.¿PARA DÓNDE VOY?

Renaciendo encuentras perspectivas de renovación en lo personal, en lo social y en lo vital. Renaciendo fortificas tu sentido de presencia física y emocional en este mundo así como tu sentido de presencia espiritual, conectada con el mundo superior. En este proceso evolucionas con creciente fuerza como presencia física y por sobre todo espiritual. A continuación hago una brevísima descripción de estas transformaciones con las que te elevas y contribuyes al elevamiento energético de otros. Son transformaciones con las que renaces de ser individuo aislado a reconocerte incluido y participante dentro de tu comunidad social, vital y espiritual. Vas de lo aislado a lo conectado, vas de lo inferior a lo superior, vas de lo automático y antiguo a lo autónomo y novedoso. Vas de lo inconsciente donde eras prisionero hacia lo consciente por donde sales más libre.

Te pido por favor, abrir tu mente para considerar las palabras egotista y egoísta con el significado que tienen en el presente contexto.

A medida que vas renaciendo, vas evolucionando en tu manera de concebirte a ti mismo, desde alguien **egotista** que solo se ocupa de su propio beneficio mientras ignora el sentimiento de los otros, hacia procesos en los que te creces como persona. Vas encontrando un nuevo concepto de ti como alguien **egoísta**, dándole un significado positivo a este concepto. Egoísta, en el presente contexto, es alguien que va haciéndose responsable de la totalidad de su sentir interior y en ese proceso se asume con creciente conexión con su verdadero ser. Pasas de ser alguien egotista, que podría decir, ante el dolor de otros, "de malas", a ser alguien que se hace responsable de la totalidad de sí mismo, desde los sentimientos más bajos a los sentimientos más sublimes. Pasas a ser alguien que entre más se conecta con su verdadero ser, más sensible y abierto es con el ser auténtico de los otros.

Además de una transformación personal, a medida que renaces, experimentas una transformación interpersonal, una transformación en tus relaciones en tanto te transformas de estar como alguien con conductas caracterizadas por un **servicio-sacrificio**, en el que tienes que negar tu interés, beneficio o expectativa, para quedar bien con los otros, para lograr que sean los otros los que consigan lo suyo. En esta concepción siempre están los demás primero que tú. Y pasas a ser alguien con conductas caracterizadas por un **servicio-satisfacción**; conductas con las que es tan importante la satisfacción de los otros, como la tuya propia. Es cuando empiezas a abrirte a tu participación en comunidad.

El proceso de renacerte también te permite transformar tu conexión vital en tanto logras ir de estar **automatizado para sobrevivir**, teniendo así conductas con las que tienes una concepción discriminatoria y descalificante para con los animales, reduciéndoles a comida, vestido, ser esclavos, objetos para la investigación o medios de diversión y pasas a la **autonomía vital**, que es cuando empiezas a descubrir una manera nueva de concebir los animales y de contactarte con ellos. Una manera en la que les calificas como seres con proyecto de vida propio, con sus sentimientos y con su capacidad para elevarse espiritualmente, gracias a tu ayuda.

En esta experiencia, tanto ellos como tú, descubren maneras nuevas de convivir cuando el espíritu amoroso fluye entre todos. En esta autonomía vital, gracias a tu papel mediador, entre los reinos sublimes y celestiales y los mundos materiales y vitales, vas facilitando el proceso de renacer de todos a una nueva manera de vivir y convivir. Sirves como puente para el encuentro entre el mundo del espíritu, el mundo animal y el humano, participando en el renacer a la convivencia crecientemente armoniosa, de todos los que estamos vivos en nuestro planeta.

18. LO QUE DIOS QUIERA

Renacer y adentrarse en las inmensidades de la espiritualidad, incluye ir soltando el control, la necesidad de decidir y decidir más. Es empezar a comprender que lo mejor de tu vida viene dado por las manifestaciones del universo que día a día te van dando forma y te van llevando hacia lo que es tu lugar y tu propia misión. La vida que día a día descubres para ti siempre te parecerá preferible comparada con lo que tan solo era tu antojo personal.

Este renacer a veces te exige pasar por experiencias de cambio, renovación y transformación que a veces son muy dolorosas. Soltar lo que fue y que tanto quisiste, desprenderte de lo que más amas y valoras; encontrar que los supuestos que te hacían feliz ya terminan y verte ante la incertidumbre de lo que tu vida va a ser, es parte del entregarte con confianza a las fuerzas del espíritu.

Es común que las personas digan: "Lo que Dios quiera", para expresar resignación con algo que les ha sucedido, impidiéndoles llegar a lo que planeaban y querían; con algo que salió diferente a lo que esperaban. Lo que Dios quiera, es una práctica, en este contexto, en la que día tras día te entregas y recibes las señales claras de lo que te corresponde ser en el amanecer de cada día.

Aprender a recibir la voluntad divina, asomándose en tu yo interior, sintiendo cómo tu yo individual, cómo tu voluntad personal cada vez es más purificada por la Voluntad Perfecta, es algo que te conduce a la paz y a la conciencia de que, plenamente, ahora más que nunca en tu historia estás viviendo en libertad.

Cada vez somos más los que, liberándonos de los poderes mentales, nos abrimos a los potenciales espirituales disponibles para todos los que se reconocen a sí mismos por lo que son en su alma.

Ir más allá de nuestros potenciales, de nuestra autonomía, hasta el punto de abrirnos a lo que somos como alma, nos dará el verdadero descanso, el gran alivio y la gran certeza de que pase lo que pase en nuestro mundo, estamos abiertos a la liviandad de sabernos conducidos, llevados, protegidos por la voluntad que todo lo puede y todo lo quiere. Todo esto es el reconocimiento de que existimos cada vez más en perfecta armonía e íntima conexión con todo lo que existe.

Esto es vivir y esto es el verdadero y más sublime renacer. Saber que con nuestra vida estamos permitiendo en esta tierra una oportunidad para la Gran vida, para el Eterno, para el Creador de todo, a sabiendas de que este fue nuestro mejor propósito y nuestra gran oportunidad de servicio.

En este renacer vamos comprendiendo que más que familia humana somos también familia vital. Es un proceso de, al liberarnos de nuestras durezas, de nuestra inhumanidad, de nuestra inconsciencia y de nuestra desconexión con la Gran vida, es un proceso de encuentro amoroso y respetuoso con la totalidad de seres vivientes que están aquí y tienen derecho a estar aquí en la tierra.

Estas son algunas ideas, algunas luces con las que quiero que te permitas mirar hacia tu más allá. Consciente de que estar vivo es algo mucho más grande que tener vivo tu cuerpo. Vivir es permitirte renacer y renaciendo te abres a los propósitos de tu alma y a la oportunidad que sólo para ti tiene el reino del espíritu contando contigo para aparecer y estar en este mundo.

ACCIONES PARA INCREMENTAR TU VITALIDAD

Disolviendo mis fuerzas de muerte y abriéndome a mis fuerzas de vida te invito a que tú encuentres motivos para estar vivo en tu mundo.

Las siguientes sugerencias son mi ayuda para que tomes el máximo provecho del presente libro.

La mejor noticia que tuve para ti es que todos estos patrones automáticos que podrías tener en tu mapa, ¡los puedes conocer y cambiar! Si te interesa, si quieres resolver tus conflictos internos y elevarte en tu armonía, tu coherencia y tu integridad, entonces te recomiendo lo siguiente:

Identifica en dónde tienes conflictos. ¿Y cómo? Revisa tu historia y mira los momentos en que has pasado por dolor, sufrimiento y malestar. Busca un patrón. Las personas tienden a sufrir por las mismas causas, en repetidos incidentes de su historia. Mira cuáles son los malestares repetitivos por los que pasas en tu historia y toma nota de ellos en una libreta personal.

Escribe tu autobiografía en períodos de siete años y en tercera persona. Así logras mirarte más objetivamente. Escribe lo que venga a tu mente, lo que te cuenten, lo que te nazca recordar, lo importante es que escribas algo. Este escrito es el equivalente a los resultados de algún examen médico que te recomendó tu doctor para poder investigar lo que pasa con tu salud. El solo acto de escribir es sanador para ti. Te asombrarás con los recuerdos que vienen a tu mente, después de años en los que los tuviste olvidados. Así vas practicando lo que significa abrirte a ti mismo, ir hacia tus propias verdades personales. Y el escrito como tal, es un recurso que un guía personal experto puede utilizar para ayudarte, pues allí, quien está preparado adecuadamente, puede identificar los principales patrones automáticos, que conforman tu guión mental personal.

Elige cómo quieres renacer. ¿Renaciendo la conexión umbilical? O ¿Renaciendo la conexión infantil? O ¿Renaciendo tu conexión adulta? Cualquier opción es válida y lo importante es que estés despierto para aprovechar los recursos y oportunidades que el universo te ofrece en respuesta a tus propósitos de claridad y armonía personal. Este libro es uno de esos recursos.

Lee libros. Algunos expertos que dedicaron su vida a apoyar estas formas de renacer son:

Carl R. Rogers con la psicología humanista y sus libros. Particularmente te recomiendo el que titula: *El proceso de convertirse en persona*.

Herinulfo Londoño con su teoría del guión mental personal y su libro *A través del guión*. Leyendo sus libros te acercas más al terreno del cambio personal. Encontrar un facilitador para el cambio del guión mental personal también te puede ofrecer mucha ayuda.

Por otro lado también recomiendo asistir a los talleres con Leonard Orr, el creador del renacimiento y la respiración consciente, quien también es el autor de varios libros. Uno de ellos se titula *Renacimiento en la nueva era* y el otro es *Manual de sanación*.

Y finalmente, también te recomiendo leer el libro escrito por una de las primeras personas renacidas por medio de la respiración consciente. Estoy hablando de Bob Mandel y de su libro: *Terapia a corazón abierto*.

Toma sesiones con un renacedor. Lo ideal es un experto en las diferentes formas de renacer, tanto la mentalidad fetal e infantil como la racional. Puedes mirar el directorio internacional de renacedores en: www.rebirthingbreathwork.com/ directory/list

Elige tu estilo de vida. Haz de tu vocación al cambio y al bienestar, un estilo de vida en el que todo el tiempo, dinero y actividad que inviertas en tu crecimiento, te dará un beneficio mayor comparado con lo que cualquier otra inversión pueda darte.

EPÍLOGO
CAMBIAR ES DESCUBRIRSE Y DARSE

Cambias cuando aprendes a escucharte de verdad; cuando te abres a las voces de tu corazón y a los sonidos de tu alma conduciéndote hacia quien tu eres.

Ser tú mismo plenamente es signo de madurez. Es adentrarte en tu identidad, lo que solo tú puedes ser en el Universo. Implica el enfrentamiento a una valentía fundamental: *el coraje de ser*, le escuché a alguien decir; y también: *el coraje de crear*.

Sentirse siendo el autor de algo genuino, de ese ser que por ti mismo eres, te conduce a tu vulnerabilidad. Valentía, valor, valioso, valorar, valer, son experiencias afines. Solo llegas a ellas con la asistencia del Espíritu, con el apoyo de una instancia superior, la que sientes que sabe de ti más que lo que tú alcanzas a entender.

Adentrarte en tu identidad es estar en lo que de verdad importa. **Cambiar de verdad es llegar a estar en donde solo tú puedes estar.** Hablo de estar dentro de ti, siendo la presencia personal que eres.

Para lograr esto, para abrirte a tu ser presente, requieres estar suelto y dejarte ir hacia donde el corazón te pide y el

Espíritu te lleva. Así te abres al significado de lo que es abandonarse, entregarse y finalmente consagrarse.

Llegas entonces a ser un bien, una auténtica bendición; sin buscarlo, simplemente porque de hecho lo eres. Ser un bien es una legítima consecuencia de abrirte a tu realidad en la profundidad de ti mismo.

Te he transmitido luces en este libro, para orientarte en tu caminar hacia tu presente y tu vitalidad; es decir, hacia tu ser en unidad.

Parte de tu camino está ahí para ser recorrido por ti, exclusivamente por ti. Tu identidad es mucho mayor que las experiencias que he descrito.

Mi aspiración fue acompañarte en tu apertura y tu avance hacia tu propio territorio, en la dirección hacia los horizontes de tu ser auténtico.

Doy gracias a Dios por este privilegio.

BIBLIOGRAFÍA RECOMENDADA

Hay Louis H., *Usted puede sanar su vida. Ediciones Urano. Barcelona, 1991.*

Londoño Herinulfo, *A través del guion.* Cipromare, Medellín, 1996.

Mandel Bob, *Terapia a corazón abierto. Para disfrutar el milagro de estar vivo.* Ed. Neoperson, Madrid, 1997.

Orr Leonard, *Manual de sanación.* Ed. Longseller, Buenos Aires, 2000. ___

__*Renacimiento en la nueva era.* Ed. Neo Person, Madrid, 1989.

Rogers Carl, *El proceso de convertirse en persona.* Ed. Paidós, Buenos Aires, 1961.

Vélez L. Carlos Mario, *Incluirte. Ocupando tu lugar en la vida.* CreateSpace, Charleston, 2017.

__*Ponte bien. Digan lo que digan los demás.* CreateSpace, Charleston, 2017.

___*Salir con autonomía. Tomando los 7 dones de tu interior.* CreateSpace, Charleston, 2015.

ACERCA DEL AUTOR

Carlos Mario Vélez López escribe para personas sencillas con vocación de independencia. Con sus escritos apoya a los interesados en descubrir sus riquezas interiores, a quienes creen en el cambio interior antes de cambiar por fuera.

Ha dedicado su vida a la sanación interior, el trabajo personal, el cambio subjetivo, como claves para el descubrimiento de la felicidad, para encontrar el significado y el profundo sentido de pertenencia a la totalidad social y universal.

Durante treinta y dos años ha servido a sus consultantes.

Es amigo de promover un enfoque vitalista en todas las áreas del comportamiento humano. Por eso creó la marca de sus servicios: © **Autonomía Vital.** Así promueve un concepto positivo de este mundo y de la experiencia en él.

Con cada uno de sus libros ofrece reflexiones que invitan a caer en la cuenta, a asumir opciones y a descubrir la libertad para la expresión auténtica de las personas. Su primer libro, publicado en Internet, en la empresa www.amazon.com es *Salir con autonomía: tomando los siete dones de tu interior.*

La versión Kindle permite ser leída en cualquier dispositivo electrónico, sea Kindle, Smart pone, Pc, Mac, o Tablet. La versión paperback está disponible para ser pedido en formato de papel, en cualquier lugar del mundo atendido por Amazon.

En su actividad actual mantiene un equilibrio entre compartir con sus seres queridos y su comunicación con los consultantes y los lectores de sus libros. Disfruta y valora especialmente la compañía de Brigitte, su perrita de raza pinscher.

LA AUTONOMIA VITAL

La autonomía vital es la megatendencia que están creando millones de personas en nuestro planeta. Esta fuerza social es una manera de actuar, sentir y pensar. Forman parte de ella todos los individuos interesados en trabajarse personalmente para liberar su más auténtica humanidad.

En el mundo interior de las personas, la **Autonomía Vital** es el reconocimiento amoroso del ser interior, y en el mundo exterior es el reconocimiento amoroso entre los seres vivientes.

Cada ser humano está ante la oportunidad de descubrirse por dentro, de abrirse a las riquezas que en el fondo de su corazón brotan para ser manifestadas en el mundo, para ser compartidas con los seres vivos con quienes convive.

La autonomía vital es un puente entre la energía espiritual, la humanidad y todos los seres vivos animales, vegetales y humanos con quienes se convive.

La ®**Autonomía Vital**, como marca, promueve la conciencia interna y la capacidad de las personas para reconocer y contar con sus riquezas personales.

A nivel personal, los siete campos de la autonomía vital (con los títulos de sus respectivos libros) son:

Creatividad. La gratitud como fundamento para crear misiones al servicio de la vida: *Sea feliz.*

Vitalidad. El mundo del comportamiento coherente y el desarrollo de la integridad personal: *Cambie.*

Felicidad. El mundo del gozo sentido, en formas ascendentes de bienestar emocional: *Ponte bien.*

Prosperidad. El descubrimiento de propósitos y bienes materiales para crear riqueza: *Organícese.*

Afectividad. La experiencia de evolucionar expresando amorosidad a nivel familiar: *Ame.*

Intimidad. La capacidad de vinculación, participación y estar presente en el mundo: *Incluirte.*

Espiritualidad. La oportunidad de expandir la propia consciencia sincrónica, en armonía con la sabiduría universal: *Despierte.*

En el libro *Salir con Autonomía. Tomando los 7 dones de tu interior,* cada capítulo se ocupa de uno de estos campos.

Hay disponible un resumen de los libros en la página de autor en Amazon:

https://www.amazon.com/Carlos-Velez/e/B01F9T0OVG

Hay información sobre los servicios del creador y representante de la Autonomía Vital en:

www.carlosmariovelez.com

Entiendo que este libro

haya sido confrontador para ti.

La verdad desacomoda al principio.

Encontrarás comodidad

a medida que vas liberándote,

conociendo tus patrones para sobrevivir

y cambiándolos

por proyectos para vivir.

www.ingramcontent.com/pod-product-compliance
Lightning Source LLC
Chambersburg PA
CBHW062036280526
45788CB00003B/1017